ОРЧИН ЦАГИЙН
МОНГОЛ ХЭЛНИЙ СУРАХ БИЧИГ
II

现代蒙古语教程

（第二册）

主　编　侯万庄
编　著　王　浩　袁　琳　刘迪南

北京大学出版社
PEKING UNIVERSITY PRESS

图书在版编目(CIP)数据

现代蒙古语教程. 第二册 / 侯万庄主编；王浩，袁琳，刘迪南编著. — 北京：北京大学出版社，2017.1

(新丝路·语言)

ISBN 978-7-301-27230-5

Ⅰ. ①现… Ⅱ. ①侯… ②王… ③袁… ④刘… Ⅲ. ①蒙古语—高等学校—教材 Ⅳ. ①H531

中国版本图书馆CIP数据核字(2016)第151199号

书　　　名	现代蒙古语教程(第二册)
	XIANDAI MENGGUYU JIAOCHENG
著作责任者	侯万庄　主编　王　浩　袁　琳　刘迪南　编著
蒙文审校	Sh. 艾格希格
责任编辑	张　冰　崔　虎
标准书号	ISBN 978-7-301-27230-5
出版发行	北京大学出版社
地　　　址	北京市海淀区成府路205号　100871
网　　　址	http://www.pup.cn　新浪微博:@北京大学出版社
电子邮箱	编辑部 pupwaiwen@pup.cn　总编室 zpup@pup.cn
电　　　话	邮购部 010-62752015　发行部 010-62750672　编辑部 010-62759634
印　刷　者	北京虎彩文化传播有限公司
经　销　者	新华书店
	787毫米×1092毫米　16开本　12印张　266千字
	2017年1月第1版　2024年1月第5次印刷
定　　　价	45.00元(附MP3盘1张)

未经许可，不得以任何方式复制或抄袭本书之部分或全部内容。
版权所有，侵权必究
举报电话：010-62752024　电子邮箱：fd@pup.cn
图书如有印装质量问题，请与出版部联系，电话：010-62756370

前 言

《现代蒙古语教程》(1—4册)是获得北京大学教材立项、北京大学"一带一路"教材立项支持的系列综合性语言教材。本套教材以教育部颁布的二级学科亚非语言文学学科——蒙古语专业教学大纲为依托进行编写,讲授蒙古国通用的喀尔喀方言及西里尔蒙古文,可供高等院校蒙古语专业本科一、二年级使用,也可供从事蒙古语言教学和研究人员及自学人员参考和学习,对于蒙古国学习汉语者也有较大的参考价值。

本套教材有如下几个特点:

(一)考虑到教学对象为零起点的本科生,本套教材采取以蒙古语基础语法为主线,安排各课的语法与词汇,使学生从易到难,逐渐掌握蒙古语最基本的语法规则和常用词汇的编写原则。

(二)教学内容上,总结以往教学经验,努力体现出现代蒙古语语言教学的新成果,在传授蒙古语基础理论知识的同时,注意培养学生听、说、读、写、译实际应用能力的全面发展。

(三)在编写过程中,力求思想性、科学性和实用性的有机结合。课程内容题材广泛、涵盖社会生活、文化习俗、伦理道德、科技知识、政治经济、历史地理、文学佳作等多方面。选材内容健康、语言地道、词汇丰富、文笔流畅,富有时代感,努力把语言和文化要素结合起来,以语言为载体,培养学生的跨文化交际能力和思考能力。

(四)在编排上,统筹教学内容,由浅入深、循序渐进、点面结合、逐步扩展、循环往复、系统复现,以加深学生对蒙古语知识的记忆。照顾以汉语为母语的学生的学习特点,编排形式突出重点,益于学生掌握。

本套教材第一册包括10课的语音课程和8课的基础课程;第二册包括15课的基础课程,供大学一年级使用。前两册基础课程在安排上,以基础语法、基本句型、会话、课文、词汇和练习为重点,内容丰富、实用、有趣,学完两册书后,在蒙古语语音语调、基础语法知识、常用词汇和句型等方面能掌握初步应用的能力,为进一步提高蒙古语语言知识打下基础。

第三、四册分别包括15课的基础课程,供大学二年级使用。内容包括会话、课文、词汇、注释和练习。其中,练习部分增加了与主课文内容或主题相近,但语料不同的补充课文,并配有思考问答题,旨在培养和形成学生用蒙古语思维和表达的习惯。会话部分绝大部内容取材于蒙古国现当代戏剧作品,语言鲜活,时代感强,将日常社会文化生活融入对话形式中,使学生有身临其境的感觉,在极其自然的语境中学习蒙古语,为进一步学习蒙古语打下坚实的语言基础。

本套教材由蒙古国第一部大辞典编撰者Ya.策伯勒(Ya.Tsevel)的孙女蒙古国著名汉学家、蒙古国立大学科学学院人文学系Sh.艾格希格(Sh.Egshig)进行了蒙古文校对工作。此外,《现代蒙古语教程》附有音像材料,其内容为:语音课各课的听读练习,基础课各课的课文、会话、生词及部分练习中的听读练习,可供读者了解喀尔喀蒙古语的标准语音、语调,进行听读模仿,由蒙古国国家公共广播电台播音员B.策伯勒玛和G.阿拉坦巴根联合录制完成。

编者

2016年3月于北京大学

目 录

ГАРЧИГ

第1课　　НЭГДҮГЭЭР ХИЧЭЭЛ ··· 1
1.1 语法（Хэлзүй）··· 1
1.2 句型（Загвар）··· 3
1.3 会话（Яриа）··· 6
1.4 课文（Унших сэдэв）·· 7
　　　　БАГШИД БИЧСЭН ЗУРВАС ····································· 7
1.5 生词（Шинэ үгс）·· 7
1.6 练习（Дасгал）·· 8

第2课　　ХОЁРДУГААР ХИЧЭЭЛ ··· 11
2.1 语法（Хэлзүй）·· 11
2.2 句型（Загвар）··· 14
2.3 会话（Яриа）·· 15
2.4 课文（Унших сэдэв）··· 16
　　　　МАНАЙ СУРГУУЛИЙН НОМЫН САН ···················· 16
2.5 生词（Шинэ үгс）·· 17
2.6 练习（Дасгал）·· 18

第3课　　ГУРАВДУГААР ХИЧЭЭЛ ··· 20
3.1 语法（Хэлзүй）·· 20
3.2 句型（Загвар）··· 21
3.3 会话（Яриа）·· 23
3.4 课文（Унших сэдэв）··· 24
　　　　ХАДАГ- АРИУН СЭТГЭЛИЙН БЭЛГЭДЭЛ ············· 24
3.5 生词（Шинэ үгс）·· 24
3.6 练习（Дасгал）·· 25

第4课　　ДӨРӨВДҮГЭЭР ХИЧЭЭЛ ··· 28
4.1 语法（Хэлзүй）·· 28
4.2 句型（Загвар）··· 29
4.3 会话（Яриа）·· 32
4.4 课文（Унших сэдэв）··· 33
　　　　МУЗЕЙ, ҮЗЭСГЭЛЭН ·· 33
4.5 生词（Шинэ үгс）·· 33

4.6 练习(Дасгал)	34
第5课 ТАВДУГААР ХИЧЭЭЛ	39
5.1 语法(Хэлзүй)	39
5.2 句型(Загвар)	41
5.3 会话(Яриа)	44
5.4 课文(Унших сэдэв)	45
ДӨРВӨН УЛИРАЛ	45
5.5 生词(Шинэ үгс)	45
5.6 练习(Дасгал)	46
第6课 ЗУРГАДУГААР ХИЧЭЭЛ	49
6.1 语法(Хэлзүй)	49
6.2 句型(Загвар)	50
6.3 会话(Яриа)	52
6.4 课文(Унших сэдэв)	54
БЭЭЖИНД ТАВТАЙ МОРИЛНО УУ	54
6.5 生词(Шинэ үгс)	54
6.6 练习(Дасгал)	56
第7课 ДОЛДУГААР ХИЧЭЭЛ	60
7.1 语法(Хэлзүй)	60
7.2 句型(Загвар)	63
7.3 会话(Яриа)	66
7.4 课文 (Унших сэдэв)	67
ЭМНЭЛЭГ	67
7.5 生词 (Шинэ үгс)	68
7.6 练习 (Дасгал)	69
第8课 НАЙМДУГААР ХИЧЭЭЛ	73
8.1 语法(Хэлзүй)	73
8.2 句型(Загвар)	75
8.3 会话 (Яриа)	77
8.4 课文(Унших сэдэв)	78
ҮЙЛЧИЛГЭЭНИЙ ГАЗРУУД	78
8.5 生词 (Шинэ үгс)	79
8.6 练习 (Дасгал)	80
第9课 ЕСДҮГЭЭР ХИЧЭЭЛ	84
9.1 语法(Хэлзүй)	84
9.2 句型 (Загвар)	86
9.3 会话 (Яриа)	88

9.4 课文 (Унших сэдэв) ········· 89
  МОНГОЛЫН СУРГУУЛЬ ········· 89
9.5 生词 (Шинэ үгс) ········· 90
9.6 练习 (Дасгал) ········· 91

第10课   АРАВДУГААР ХИЧЭЭЛ ········· 95
10.1 语法（Хэлзүй）········· 95
10.2 句型 (Загвар) ········· 98
10.3 会话 (Яриа) ········· 100
10.4 课文 (Унших сэдэв) ········· 101
  ӨДРИЙН ТЭМДЭГЛЭЛИЙН ХУУДАСНААС ········· 101
10.5 生词 (Шинэ үгс) ········· 102
10.6 练习 (Дасгал) ········· 103

第11课   АРВАН НЭГДҮГЭЭР ХИЧЭЭЛ ········· 106
11.1 语法（Хэлзүй）········· 106
11.2 句型（Загвар）········· 108
11.3 会话（Яриа）········· 109
11.4 课文 (Унших сэдэв) ········· 110
  МОНГОЛЫН ХООЛ ХҮНС ········· 110
11.5 生词 (Шинэ үгс) ········· 111
11.6 练习 (Дасгал) ········· 111

第12课   АРВАН ХОЁРДУГААР ХИЧЭЭЛ ········· 114
12.1 语法（Хэлзүй）········· 114
12.2 会话（Яриа）········· 116
12.3 课文 (Унших сэдэв) ········· 117
  ТООНЫ БЭЛГЭДЭЛ ········· 117
12.4 生词（Шинэ үгс）········· 118
12.5 练习 (Дасгал) ········· 119

第13课   АРВАН ГУРАВДУГААР ХИЧЭЭЛ ········· 122
13.1 语法（Хэлзүй）········· 122
13.2 句型（Загвар）········· 124
13.3 会话（Яриа）········· 125
13.4 课文 (Унших сэдэв) ········· 126
  ӨНГӨНИЙ БЭЛГЭДЭЛ ········· 126
13.5 生词（Шинэ үгс）········· 127
13.6 练习（Дасгал）········· 128

第14课   АРВАН ДӨРӨВДҮГЭЭР ХИЧЭЭЛ ········· 130
14.1 语法（Хэлзүй）········· 130

14.2 句型(Загвар)	132
14.3 会话(Яриа)	132
14.4 课文 (Унших сэдэв)	133
МОНГОЛ БИЧИГ, ҮСГИЙН ТҮҮХ	133
14.5 生词(Шинэ үгс)	134
14.6 练习(Дасгал)	135

第15课　АРВАН ТАВДУГААР ХИЧЭЭЛ　137

15.1 语法(Хэлзүй)	137
15.2 会话(Яриа)	139
15.3 课文 (Унших сэдэв)	141
ШАНХАЙ ХОТ	141
15.4 生词(Шинэ үгс)	142
15.5 练习(Дасгал)	143

生词表　ШИНЭ ҮГС　146

第 1 课

НЭГДҮГЭЭР ХИЧЭЭЛ

> 1.1 语法
>> 1.1.1 动词第一人称祈使式
>> 1.1.2 动词第二人称祈使式
>
> 1.2 句型
> 1.3 会话
> 1.4 课文
> 1.5 生词
> 1.6 练习

1.1 语法（Хэлзүй）

1.1.1 动词第一人称祈使式（Нэгдүгээр биед захирах, хүсэх үйл үгийн хэлбэр）

在动词词根或词干上按元音和谐律分别加-я, -е, -ё构成第一人称祈使式，表示意志、愿望。如动词词根或词干以辅音结尾，在阳性元音词上先加ъ，在阴性元音词上先加ь，然后再加-я, -е, -ё，如动词词根或词干以元音结尾，则可直接加。如：

Би хариулъя.　　我回答吧。
Өнөө орой би кино үзье.　　我今晚看电影。
Би маргааш танайд очъё.　　我明天去您家吧。
Бид цай ууя.　　我们喝茶吧。

动词第一人称祈使式还有两个只用于书面语的后缀：-сугай, -сүгэй。阳性词加-сугай，阴性词加-сүгэй。这种形式只见于命令、决议、决定等公文中。如：

Нөхөр Сүхийг Баатар цолоор шагнасугай.　　授予苏和同志英雄称号。
Дамдинг Гадаад харилцааны Яамны сайдаар томилсугай.
任命达木丁为外交部部长。
Хэнийг намын хорооны нарийн бичгийн даргын ажлаас нь чөлөөлсүгэй.
免去某人的党委书记职务。

1.1.2 动词第二人称祈使式（Хоёрдугаар биед захирах, хүсэх үйл үгийн хэлбэр）

蒙古语动词第二人称的祈使式有四种形式：

1. 动词以词根或词干出现在句中时，表示对第二人称的命令，语气较强硬。例如：

Чи унш.　你读！

Та Доржийг дууд.　您叫道尔吉（过来）。

2. 在动词词根或词干上分别加后缀-аач, -ээч, -ооч, -ɵɵч，表示对第二人称的希望或要求，语气较急迫。如动词以长元音或复合元音结尾，则先加г。例如：

Та надад ном өгөөч.　请您把书给我。

Та суугаач.　您请坐。

Хичээл орлоо, та нар хурдан яваач!　上课了，你们赶快走！

3. 在动词词根或词干上分别加后缀-аарай, -ээрэй, -оорой, -ɵɵрэй，表示对第二人称的希望或请求之意，语气较委婉。如动词以长元音或复合元音结尾，则先加г。如：

Та нар манайд ирээрэй.　你们来我家吧。

Сайхан амраарай.　您好好休息。

Та ороорой.　您请进。

Та надад энэ номыг өгөөрэй.　请您把这本书给我吧。

Замдаа сайн яваарай!　一路平安！

4. 在动词词根或词干上，按单词的阴阳性分别加-гтун或-гтүн，则表示一种号召、要求的意思，这种形式常用在标语口号中。如：

Оюутнууд аа! Онц сурлагатан бологтун!　同学们！愿你们成为优秀学生！

※ 动词第二人称祈使式的否定形式是在该动词前分别加бүү或битгий。如：

Тамхи бүү тат.　别抽烟。

Миний үгийг битгий мартаарай.　别忘了我说的话。

Та нар битгий өндөр дуугаар яриач!　你们不要大声说话！

1.2 句型（Загвар）

1.2.1

Танд Таны гэр бүлд	эрүүл энхийг	хүсье. хүсэн ерөөе.
	аз жаргалыг	
	сайн сайхныг	
	ажлын амжилтыг	
	хамгийн сайн сайхан бүхнийг	

1.2.2

Эрхэм хүндэт профессор таны түмэн амгаланг	эрье.
Таны амар амгаланг	

1.2.3

Би Бид	маргааш кино үзье.
	дараагийн хагас, бүтэн сайнаар хөдөө явъя.
	үүнийг Доржоос асууя.
	маргааш өглөө эртхэн босъё.
	одоогоос (одооноос) япон хэл үзэж эхэлье.
	шинэ ажлаа бушуухан хийе.

1.2.4

Таны	шинэ жилийн	амрыг эрье! амгаланг айлтгая!
	баярын	
	шинэ жилийн баярын	
	цагаан сарын	
Танд	шинэ жилийн баяр	хүргэе!

1.2.5
Хүсэлт:

Чимэг ээ,			тоглох	
Бат аа,			гадаа гарах	
Болд оо,	хоёулаа	жаахан	юм идэх	уу? үү?
Жаргал аа,			юм уух	
Цэцэг ээ,			юм ярих	

Зөвшөөрөх хариулт

		тоглоё.
		гаръя.
Тэгье,	(жаахан)	идье.
		ууя.
		ярья.

Саармаг хариулт

А.

Тоглосон	
Гарсан	
Идсэн	ч яах вэ?
Яасан	
Тэгсэн	

Б.

	Тогловол тоглоё.
	Гарвал гаръя.
За, яах вэ?	Идвэл идье.
	Уувал ууя.
	Яривал ярья.

第1课　НЭГДҮГЭЭР ХИЧЭЭЛ

В.

    Харин ээ, яадаг юм билээ?

1.2.6

    Зогс!

    Гараа өргө!

    Бос! Бос л доо!

    Боль!

    Одоо яваарай!

    Сайн яваарай!

    Аян замдаа мэнд яваарай!

    Миний номыг аваад ирээрэй дээ!

    Биеэ л бодож яваарай!

    Сайн сууж байгаарай!

    Ажлаа бушуухан хийгээрэй!

    Мөнгөө төлөөрэй!

1.2.7

    Чи одоо хэлээч!

    Надад өгөөч!

    Чи надад зөвлөж байгаач!

    Чи явж байгаач, би хойноос чинь очъё.

1.2.8

    Түүх, соёлын өвийг хайрлан хамгаалагтун!

    Галын аюулаас сэрэмжлэгтүн!

1.2.9

Хүсэлт:

Багшийн	амрыг	эрээрэй.
Даргын	амгаланг	айлтгаарай.
Дорж гуайн	мэндийг	

Хариулт:

    За, тэгнэ ээ.

1.3 会话（Яриа）

1.3.1

- Ойрхон томоохон дэлгүүр байна уу?
- Чингис зочид буудлын хажууд "Скай" гэдэг том дэлгүүр байдаг.
- Тэнд цахилгаан бараа байна уу?
- Байлгүй яахав. Тэнд бүх төрлийн бараа байна.
- Тэгвэл тийшээ явцгаая.

- Өө, нээрээ сүүлийн үеийн сайхан барилга байна шүү.
- Тийм ээ, энэ дэлгүүр манай сүүлийн үеийн томоохон дэлгүүрийн нэг мөн.
- За, дотогш оръё.
- Доод давхарт нь цахилгаан бараа, гар утас, номын тасгууд байдаг. Та юу авмаар байна?
- Цахилгаан барааны тасгаас сайн батарей (зай) авмаар байна.
- За, тийшээ явъя.

1.3.2

- Одоо дээшээ гаръя.
- За, тэгье.
- Энд цахилгаан шат байна.
- Энэ хүнсний тасаг байна.
- Жимс, ногоо, чихэр боов, архи ундаа, мах сүү гээд төрөлжсөн тасгуудад янз бүрийн амттаны сонголт ихтэй байна шүү.
- Ямар сайн юм бэ? Би кофе, кофены сүү авмаар байна.
- Одоо бидний явах цаг боллоо.
- Өө, тийм үү? Нэг юм мартчихсан. Бичиг хэрэгслийн тасаг хаана байна?
- Доор.
- Ашгүй дээ. Гарахдаа тэр тасгаас юм авъя.
- За, тэгвэл одоо хурдан доошоо бууя.

1.3.3

- Миний бие өвдөж байна. Ямар эмнэлэгт очих вэ?
- Та сургуулийн эмнэлэг рүү яваарай.
- Сургуулийн эмнэлэгт яаж очих вэ?

- Та эндээс чигээрээ яваарай, тэгээд баруун гар тийшээ эргээрэй. Нилээд яваад замын уулзварт зүүн гар тийшээ эргээрэй. Зуу гаруй метр яваад хүрнэ.
- Би баримт бичиг авах хэрэгтэй юу?
- Хэрэгтэй, оюутны үнэмлэхээ аваарай.
- За, тэгье. Баярлалаа. Би одоо явья.
- Та ганцаараа явж чадах уу?
- Чадна, санаа бүү зовоорой.

1.4 课文（Унших сэдэв）

БАГШИД БИЧСЭН ЗУРВАС

Эрхэм хүндэт багш Цэрэнсодномд,

Таны амрыг эрье. Намайг Сувдаа гэдэг, Бээжингийн Их Сургуулийн Хятадын эртний утга зохиолын мэргэжлийн ангийн оюутан. Утга зохиолын түүх судлах дуртай. Одоо би XVII зууны энэтхэг монголын утга зохиолын харилцааны түүхийг их сонирхож байна. Миний багш Болортуяа энэ сэдвээр таны уншиж байгаа лекцэд суухыг зөвлөсөн тул энэхүү зурвасыг бичлээ. Юуны өмнө тантай танилцах хүсэлтэй байна. Тэгээд таныг зөвшөөрвөл аль болох түргэн, өнөөдөр маргааш ч хамаагүй, таны лекцийг сонсож эхэлмээр байна.

Миний хүсэлтийг ёсоор болгож зөвшөөрнө гэдэгт итгэж

мэхийн ёсолсон Сувдаа

2013 оны 1 дүгээр сарын 15

1.5 生词（Шинэ үгс）

амгалан	（名）安宁,平和	нээрээ	（副）确实,实在
бушуухан	（副）赶快,加速	барилга	（名）建筑,楼房
айлтгах	（动）禀告	дотогш	（副）向内
хамгаалах	（动）保护	доод	（形）下面的
аюул	（名）危险	тасаг	（名）隔间,部分
сэрэмжлэх	（动）当心,警醒,提防	батарей (зай)	（名）电池
цахилгаан	（名）电,闪电	цахилгаан шат	（词组）电梯
бараа(н)	（名）物品,货物	төрөлжих	（动）分门别类

амттан	（名）甜食，糖果	ганцаараа	（副）单独地，独自地	
бичиг хэрэгсэл	（词组）文具	эрт(н)	（名·形）早，古时，早的，古时的，古代的	
эмнэлэг	（名）医院			
чигээрээ	（副）直接地，沿直线	утга зохиол	（名）文学	
уулзвар	（名）交叉点	судлах	（动）研究	
эргэх	（动）旋转，转向	зуун	（名）世纪	
үнэмлэх	（名）证件，证明	лекц	（名）演讲，演说	
зурвас	（名）线条，（写有字的）纸条	зөвлөх	（动）商议，建议，参赞，顾问	
		хүсэлт	（名）要求，请求，希望	
мэхийн ёслох	（词组）鞠躬	ёсоор болгох	（词组）照办，如愿	
баруун гар тийшээ эргэх	（词组）向右拐	Цэрэнсодном	（人名）策仁索德诺木	
зүүн гар тийшээ эргэх	（词组）向左拐	Сувдаа	（人名）苏布达	
эрхэм	（形）珍贵的	Болортуяа	（人名）包洛尔图雅	
хүндэт	（形）尊敬的			

1.6 练习（Дасгал）

1.6.1 写出下列动词的第一、第二人称祈使式。

очих	өнгөрөх	дуулах	гэх	хожимдох	худалдах
өмсөх	утасдах	цэвэрлэх	авах	захих	унших
өлсөх	хөгжих	буцах	даарах	өгөх	суух
хийх	айх	хичээх			

1.6.2 朗读下列句子，注意动词第二人称祈使式的用法。

1. - Та завтай бол манайд очихгүй юү?
   - Завтай, завтай. Хэдэн цагт очих вэ?
   - Үдээс өмнө 11 цагт очоорой.

2. - Чи багшийнд хэдэн цагт очих вэ?
   - Таван цагт очих ёстой.
   - Тийм үү? Тэгвэл одоо яваач. Аравхан минут дутуу байна.

3. - Одоо яваач. 7 цагаас хуралтай шүү дээ.
   - Тийм ээ. Хэдэн хуудас биччихээд явъя.
   - Одоо явахгүй бол хожимдоно шүү. Түргэн яваарай.

4. - Ах аа, та тэр киногоо надад ярьж өгөөч.
   - Үгүй. Ярьж өгөхгүй. Чи өөрөө үзээрэй.

- Үзнээ. Гэвч та одоо товчхон яриад өгөөч дээ. Би одоо завгүй.

1.6.3 在相关的建议前填入适当序号。

1. Миний толгой гурван хоног өвдөж байна.
2. Миний шүд сүүлийн долоо хоногийн турш өвдөж байна.
3. Би уржигдар хүнд юм өргөсөн. Одоо нуруу өвдөөд байна.
4. Өвөөгийн зүрх өвдөж байна гэнэ.
5. Би зууханд хуруугаа түлчихлээ.
6. Балган халуунтай байна.
7. Эмээгийн цусны даралт байнга ихэсдэг.

- Шүдний эмчид үзүүлж авахуул.
- Аспирин өгч халууныг нь буулга.
- Халуун жин тавь.
- Даралт буулгах эм ууж тайван хэвт.
- Түргэн тусламж яаралтай дууд.
- Цэвэр агаарт гарч амрах хэрэгтэй.
- Хүйтэн усанд удаан дүр.

1.6.4 用以下词汇分别造句。

сонирхох   зөвлөх   тул   танилцах   зөвшөөрөх   хүсэлтэй

1.6.5 朗读下列谚语，注意祈使式的用法。

1. Хол явъя гэвэл ойроос эхэл.
2. Их хийе гэвэл багаас эхэл.
3. Гавьяа нэрийг олъё гэвэл ганц сэтгэлээр чармай.
4. Сайтар буян болъё гэвэл сайныг үргэлж тэтгэ.
5. Саруул ухаантай болъё гэвэл мэргэдийг үргэлж дага.
6. Өтөлтлөө жаргая гэвэл үр хүүхдээ сурга.
7. Бүтээе гэвэл бэрхээс бүү ай, хийе гэвэл хэлэхээс бүү ай.

1.6.6 参照课文内容，回答下列问题。

1. Сувдаа гэдэг хэн бэ?
2. Сувдаа юу судлах дуртай вэ?
3. Сувдаа юуны түүхийг их сонирхож байна вэ?
4. Болортуяа багш юу зөвлөсөн бэ?
5. Цэрэнсодном багш юуны лекц уншиж байна вэ?

6. Сувдаа яагаад тус зурвасыг бичсэн бэ?

7. Сувдаа юунд итгэж байна вэ?

8. Чиний бодоход Цэрэнсодном багш Сувдаагийн хүсэлтийг зөвшөөрөх үү?

1.6.7 朗读下面贺卡，并给自己的朋友写一封贺卡。

※※※※※※※※※※※※※※※※※※※※※
Эрхэм хүндэт ... багш аа,
Та болон танай гэр бүлийнхэн,

2016 ондоо эрүүл энх,
эрч хүчтэй,
галтай цогтой,
аз хийморьтой байгаарай.

Та нартаа сайн бүхнийг хүссэн ...

2016-01-10

1.6.8 给老师写一张便条，内容不限（不少于30词）。

1.6.9. 口语练习。

1. Дэлгүүрээс юм авах тухай ярилц.
2. Бие өвдөөд эмчид үзүүлэх тухай ярилц.

1.6.10 汉译蒙。

1. 我们本周末去春游，大家讨论（хэлэлцэх）一下去哪里吧。
2. ——您要糖吗？——好的，稍微放一点吧。谢谢！
3. 等一下，我再看看！
4. 您明天早上还要早起呢，今晚好好休息啊！
5. 我们上二楼吧，到二楼去付钱。
6. ——蒙古语教研室怎么走？——从这里直走，左转走100米，222号房间就是了。
7. 没关系，我明天再来，我家离这里不远。
8. 不要随地吐痰，要保持教室清洁。
9. 请代我（миний өмнөөс）向他问好！

第2课

ХОЁРДУГААР ХИЧЭЭЛ

> 2.1 语法
>   2.1.1 动词第三人称祈使式
>   2.1.2 动词三个人称通用祈使式
>   2.1.3 名词复数
> 2.2 句型
> 2.3 会话
> 2.4 课文
> 2.5 生词
> 2.6 练习

2.1 语法（Хэлзүй）

2.1.1 动词第三人称祈使式（Гуравдугаар биед хүсэх, зөвшөөрөх үйл үгийн хэлбэр）

1. 动词词根或词干按元音的阴阳性分别加-тугай, -түгэй, 表示对第三人称的祝愿，常用于标语口号中。

    Сэтгэлчлэн бүтэх болтугай!   心想事成！
    Эх орон мандтугай!   祖国万岁！

2. 动词词根或词干加后缀-г, 表示对第三人称的命令或许可。如：

    Тэр хүн манайд ирэг.   让他到我们家来吧。
    Дорж хичээлээ давтаг.   让道尔吉复习功课。

2.1.2 动词三个人称通用祈使式（Гурван биеийн хүсэх, болгоомжлох үйл үгийн хэлбэр）

1. 在动词词根或词干上加后缀-аасай, -ээсэй, -оосой, -өөсэй, 表示希望、但愿的意思，可以用于三个人称。如：

    Бид түргэн том болоосой.   但愿我们快快长大。

Та нар түргэн яваасай.　你们还是快些走吧。

这种祈使句也有否定式,如:

Битгий ирээсэй.　但愿别来。

Бороо бүү ороосой.　但愿别下雨。

2. 根据动词元音的阴阳性,在其词根或词干上分别加-уузай或-үүзэй,表示要小心谨慎,别发生这样的事。这种形式用于第二、第三人称。例如:

Та нар ой дотор төөрүүзэй.　你们小心别在林子里迷路。

Модон дээрээс унуузай.　小心从树上掉下来。

※　上述两种形式用得不广,口语、书面语均用,不过只在有限的范围里使用。

2.1.3 名词复数(Жинхэнэ нэрийн олон тоо)

蒙古语的名词有单、复数之分,单数表示一个人或事物,复数表示两个或更多的人或事物。在许多情况下,单数还表示人或事物的整体。

蒙古语名词没有表示单数的专门标志。一个名词的词干及其各种变格形式都是单数。在单数名词上加复数后缀,构成复数。复数后缀有以下6种:

1. нар用于表示人的一些名词上,单独写。

багш нар

дарга нар

ах нар

дүү нар

нар除表示同一种人的复数之外,还可作"等"讲,用于两个或更多的人名、不同职业或类型的人之后。

багш оюутан нар　师生们

Маркс Энгельс нар　马克思和恩格斯

2. -чууд, -чүүд(-чуул,-чүүл)用于表示人的一些名词上,按元音的阴阳性分别来加。

залуу+чууд-залуучууд

баатар+чууд-баатарчууд

эмэгтэй+чүүд-эмэгтэйчүүд

复数后缀如果用于国家、民族、部族名字的词上,则表示该国家、民族、部族的人(复数)。

монгол+чууд-монголчууд

халх+чууд-халхчууд

3. -д用于有-гч, -чин, -ч这几个后缀的词上,也可用于以-й,л,н,р,ь等字母结尾的词上。加时去掉й, л, н, р。

тогооч+д-тогоочид

сурагч+д-сурагчид

ажилчин+д-ажилчид

нохой+д-ноход

эзэн+д-эзэд

нөхөр+д-нөхөд

түшмэл+д-түшмэд

хонь+д-хоньд

4. -с加在以元音或辅音结尾的词后。若加在以复合元音结尾的词上，先去掉复合元音中的й。此后缀多用于书面语。

үг+с-үгс

залуу+с-залуус

нэр+с-нэрс

нохой+с-нохос

5. -нууд, -нүүд加在带不稳定н的词和以长元音、复合元音结尾的词上，按元音的阴阳性分别来加。

ширээ+нүүд-ширээнүүд

гахай+нууд-гахайнууд

тэмээ+нүүд-тэмээнүүд

уул+нууд-уулнууд

6. -ууд, -үүд这种后缀用得最广，表示人和物的名词均可加此后缀。它加在不带不稳定н的、以辅音结尾的词上。按元音的阴阳性分别来加。以и、ь结尾的词，先去掉и或ь，然后再加-иуд。

цэрэг+үүд-цэргүүд

ард+ууд-ардууд

сургууль+ууд-сургуулиуд

материал+ууд-материалууд

анги+ууд-ангиуд

гэр+үүд-гэрүүд

某一个名词由单数变复数时，用什么后缀，一般都有习惯用法，不能任意用。单数名词的重复使用也能表示多数，疑问代词也是如此。

Уул уулын оройд далбаа босгов.　各个山顶上竖起了旗帜。

Ус усны эхэнд айл буув.　在水的源头安了家。

Хэн хэн ирэв? 哪些人来了？

蒙古语的单数名词前有数词或表示数量多的形容词时,该单数名词无须加复数后缀。

Дэлгүүрээс олон ном авав. 从商店里买了很多书。

Манай ангид арван оюутан бий. 我们班有十个大学生。

2.2 句型（Загвар）

2.2.1

Ерөөлөөр болтугай!

Санасан хэрэг бүтэх болтугай!

Санаснаар болтугай!

Өнө мөнхөд орштугай!

2.2.2

Тэд яваг!

Явбал яваг!

Очвол очиг л доо!

Ерөөлөөр болог!

Амьдрал ямар байдгийг биеэрээ үзэг!

2.2.3

Маргааш тэнгэр сайхан байгаасай даа!

Дорж өнөөдөр бүү ирээсэй!

Хоёр жигүүр ч ургаасай даа!

2.2.4

Чи маргааш номоо мартуузай!

Та ажлаасаа хожимдуузай!

Миний хүү халтирч унуузай!

2.2.5

Дулмаа		ирээсэй,	энийг хэлэх	
Зун		болоосой,	усанд сэлэх	
Цас	бушуухан	ороосой,	цанаар гулгах	юмсан.
Баяр		гараасай,	хэвтэх	
Тэр хүн		яваасай,	унтах	

2.2.6

- Өчигдөр энд хэн хэн байсан бэ?	- Энд Дорж, Бат нар байсан.
- Дэлгүүрээс юу юу авах вэ?	- Хувцас хунар, тоглоом авна.
- Та хаана хаана сурч байсан бэ?	- Лондон, Токио зэрэг хотод.
- Та ямар ямар хэлээр ярьдаг вэ?	- Англи, герман, япон хэлээр.
- Бид хаа хаана орох вэ?	- Та нар гэр гэртээ ор.

2.3 会话 (Яриа)

2.3.1

Бат: Ван гуай, сайн уу? Сонин сайхан юу байна? Ойрд юу хийж байна?

Ван: Сайн, сайн байна уу? Юмгүй тайван байна. Ойрдоо монгол хэл сурч байна.

Бат: Аан, тийм үү? Монгол хэл ямар вэ? Хэцүү байна уу?

Ван: Гайгүй, сонирхолтой байна. Би хэл сурах дуртай. Та монгол хэлний тухай яриарай.

Бат: Монгол хэл бол яруу сайхан, уран баялаг хэл юм аа. Монгол хэлээр ямар ч саадгүй харилцаж чадна. Тийм биз?

Ван: Харин тийм. Монголчууд хэлний ид шидэд итгэдэг гэж би дуулсан. Үнэн үү?

Бат: Үнэн.

Ван: Жишээ татвал?

Бат: Жишээлбэл, хөдөө явбал "бороо битгий ороосой", "замдаа сайн яваасай" гэж хэлээд байна. Ажил мажил хийхэд "сэтгэлчлэн бүтэх болтугай" гэж, ерөөл магтаал хэлээд "ерөөлөөр болог", "заяагаараа болог" гэх мэтчилэн хэлдэг.

Ван: Ямар сайн юм бэ? Өө, одоо хичээлд явах цаг боллоо. Би явлаа.
Бат: За, дараа ярья. Хичээлээсээ хоцруузай.

2.3.2

- Чи чөлөөт цагаараа юу хийдэг вэ?
- Би чөлөөт цагаараа зураг зурах, усанд сэлэх, хөгжим сонсох дуртай. Харин чи?
- Би найзуудтайгаа салхинд гарч зугаалах дуртай.
- Чамд ер нь чөлөөт цаг их байдаг уу?
- Надад чөлөөт цаг бараг гардаггүй. Яагаад гэвэл би монгол хэл сурч байгаа учраас хичээл их байдаг. Монгол залуучууд чөлөөт цагаа ихэвчлэн яаж өнгөрүүлдэг вэ?
- Манай залуучууд чөлөөт цагаараа найз нөхөдтэйгөө бааранд пиво ууж, ярьж суух нь их байдаг. Өнгөрсөн амралтын өдөр чи хаашаа явсан бэ?
- Би багш оюутан нартай хамт Хархоринд зугаалахаар явсан.

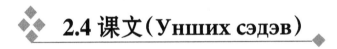

2.4 课文（Унших сэдэв）

МАНАЙ СУРГУУЛИЙН НОМЫН САН

Сайн байцгаана уу? Та бүхнийг Бээжингийн Их Сургуулийн номын санд морилж байгаад их баярлаж байна. Манай номын сан сургуулийн хашааны төв дунд орших, манай орны хамгийн эртний түүхтэй бөгөөд орчин үеийн шинэ маягийн номын сангуудын нэг мөн.

Манай сургуулийн номын сан анх 1912 онд баригджээ. Манай номын сан хуучин, шинэ хоёр хэсэгтэй бөгөөд 1975, 1998 онд тус тус баригдав. Энд орчин үеийн янз бүрийн ном бичиг, сонин сэтгүүл байхаас гадна эртний ховор нандин номууд ч байна. Бас англи, орос, герман, франц, япон зэрэг гадаад хэлээр нийтлэгдсэн ном олон байдаг. Манай номын сан одоо зургаан сая таван зуун мянган номтой, дөрвөн мянга гаруй уншигчийн суудалтай, хэмжээгээрээ Ази тивийн их дээд сургуулиудын хамгийн том номын сан болсон юм.

Манай номын санд уншлагын танхим хэд хэд бий. Эдгээр танхимын зарим нь багш нарынх, зарим нь оюутных байдаг. Юм их мэдье гэвэл ном их унших хэрэгтэй. Одооноос гэртээ интернетэд ороод, манай номын сангаас ном захиалж, хугацаа сунгуулах боломжтой боллоо. Манай номын санд дахин дахин ирж байгаарай.

2.5 生词（Шинэ үгс）

ерөөл	（名）祝福,祝辞	биз	（语）也许,大概
өнө мөнх	（副）长久地,永远	хоцрох	（动）迟到,落后
жигүүр	（名）翅膀	гэх мэтчилэн	（词组）诸如此类
ургах	（动）生长	чөлөөт цаг	（词组）闲暇
хожимдох	（动）迟到,拖后	ихэвчлэн	（副）大部分,大体,基本上
халтирах	（动）滑（倒）	хааш	（副）向何方,朝哪里
хунар	（名）衣服	Хархорин	（名）哈拉和林
хэцүү	（形）困难的	морилох	（动,敬）行走；请,请来
яруу	（形）（旋律）优美的,抒情的	баярлах	（动）高兴,喜悦
уран	（形）（技艺）精巧的	баригдах	（动）建设,兴建
баялаг	（形）丰富的,充裕的	хэсэг	（名）部分
саад	（名）障碍	тус	（代）这个,该,本
ид шид	（词组）魔法,法术	тус тус	（词组）各个,各自
итгэх	（动）相信	орчин үе	（词组）现代
жишээ(н)	（名）例子	янз бүр	（词组）各种各样
жишээлэх	（动）举例	бичиг	（名）文献,书
магтаал	（名）赞词	ховор	（形）稀少的,珍奇的
сэтгэлчлэх	（动）按照心愿	нандин	（形）珍贵的,珍惜的
заяа(н)	（名）命运,运气	Франц	（名）法国
усанд сэлэх	（词组）游泳	тив	（名）洲,大地
өнгөрүүлэх	（动）度过	хэвтэх	（动）躺,卧
пиво	（名）啤酒	Лондон	（名）伦敦
маяг	（名）形式,样式	Токио	（名）东京
нийтлэгдэх	（动）发表	Герман	（名）德国
сая	（数）百万	хугацаа (н)	（名）期限,时期
Дулмаа	（人名）杜勒玛	сунгуулах	（动）（时间,期限之）延长,延宕
Баяр	（人名）巴雅尔		

2.6 练习（Дасгал）

2.6.1 写出下列动词的第三人称祈使式-r形式。

очих	өнгөрөх	дуулах	хожимдох	худалдах
өмсөх	утасдах	цэвэрлэх	авах	захих	унших
өлсөх	хөгжих	буцах	даарах	өгөх	ажиллах

2.6.2 填不同人称动词祈使式的后缀。

1. Энэ өгүүлбэрийг чи орчуул. Тэр өгүүлбэрийг Тао Фү орчуул _____.
2. Энэ ажлыг та битгий хий. Батбаяр хий _____.
3. Та чанга хэл. Тэд сонс _____.
4. -Пүрэв ээ, чи нааш ир. Энэ хоолыг идчих. -Үгүй, би өлсөөгүй. Ах ид _____.
5. Оюутнууд аа, онц сайн суралц _____.
6. Манай хоёр ард түмний найрамдал манд _____.
7. Манай эх орон цэцэглэн хөгж _____.
8. -Дүү чинь бидэнтэй хамт кинонд явах уу? -Үгүй. Тэр хичээлээ давт _____.
9. Эмэгтэйчүүд амраг. Бид хий _____.
10. Ирвэл ир _____. Би хэзээ ч түүнтэй уулзаж болно.
11. Саналтай бол хэл _____. Би сонс _____.
12. Хоёулаа хоолонд яв _____. Би өлсөж байна.

2.6.3 写出下列单词的复数形式。

ажилчин	тариачин	багш	эзэн	монгол	эрэгтэй
залуу	ах	англи	зохиолч	жүжигчин	нөхөр
ноён	өвгөн	сурагч	тогооч	найз	эрдэмтэн
малчин	эмч	ном	дэвтэр	оюутан	мал
улс	орон	анги	амжилт	ажил	асуулт
үг	гэр	зураг	муж	гол	нуур
зохиол	хот	сургууль	сандал	нэр	газар	жил

2.6.4 使用以下词汇分别造句。

тус тус   гадна   гэвэл   орчин үе   дахин дахин

2.6.5 参照课文内容，回答下列问题。

1. Манай сургуулийн номын сан хаана оршиж байна?

2. Манай номын сан том уу, жижиг үү?

3. Манай номын сангийн шинэ байр хэзээ баригдсан бэ?

4. Манай номын сан хичнээн номтой вэ?

5. Манай номын санд ямар ямар ном, бичиг, сэтгүүл, сонин байдаг вэ?

6. Манай номын санд эртний ном олон бий юу?

7. Манай номын сан юу юуны уншлагын танхимтай вэ?

8. Манай номын сан интернетэд орсон уу?

2.6.6 朗读诗句，找出名词的复数形式。

Хэнтий, Хангай, Саяны өндөр сайхан нуруунууд

Хойд зүгийн чимэг болсон ой хөвчин уулнууд

Мэнэн, Шарга, Номины өргөн их говиуд

Өмнө зүгийн манлай болсон элсэн манхан далайнууд

Хэрлэн, Онон, Туулын тунгалаг ариун мөрнүүд

Хотол олны эм болсон горхи булаг рашаанууд

Хөвсгөл, Увс, Буйрын гүн цэнхэр нуурууд

Хүн малын ундаа болсон тойром бүрд уснууд

—Д. Нацагдорж, ⟨Миний нутаг⟩ -аас

2.6.7 口语练习。

1. Чөлөөт цагаар юу юу хийдэг тухай ярилц.

2. Монголчууд цагаан сарын баяраар яаж золгодог вэ?

2.6.8 汉译蒙。

1. 大家都小心点，别迷路了。

2. 巴特累了，让他好好睡一觉吧。

3. 青年们在广场上高呼"祖国万岁！"

4. 明天要考试，可别忘了啊。

5. 现在我来读，然后你读，接下来让道尔吉读。

6. 女士们，先生们，演出要开始了。

7. 老师们和同学们一起参加了这次会议。

8. 别让孩子们吃得太多。

9. 同志们已经出发了，祝他们一路平安！

10. 让学生们把这些书拿走吧。

第 3 课

ГУРАВДУГААР ХИЧЭЭЛ

```
3.1 语法
    3.1.1 副动词
    3.1.2 并列副动词
    3.1.3 共同副动词
    3.1.4 先行副动词
3.2 句型
3.3 会话
3.4 课文
3.5 生词
3.6 练习
```

3.1 语法（Хэлзүй）

3.1.1 副动词（Нөхцөл үйл үг）

在句子中不能单独作结尾谓语（可以作非结尾的谓语），也不能单独表示时间，只表达后一动作的条件、状况，这一类动词称为副动词。蒙古语的副动词较多，我们在本册书中只讲十种，有些语法书中讲有十一种，甚至更多。其中有些常用，应注意学习，有些不常用，只要一般理解就可以了。

3.1.2 并列副动词（Зэрэгцэх нөхцөл үйл үг）

后缀是-ж, -ч, 在某些以в,г,р,с结尾的词上加-ч, 此外都加-ж。如：

яв-явж
ав-авч
сур-сурч
өг-өгч
ир-ирж

гар-гарч

өс-өсч

并列副动词表示该动作与后一动作同时发生，或发生于后一动作之前，也可以说明后一动作是怎样发生的。它常用在并列复合句中。如：

Тэр хүн дуу дуулж гэртээ харив. 那个人唱着歌回家了。

Би гэртээ харьж ном уншина. 我回家读书。

Нохой гүйж ирлээ. 狗跑过来了。

3.1.3 共同副动词（Хам нөхцөл үйл үг）

后缀是-н。共同副动词在简单句和并列复合句中作非结尾的谓语，与另一动词连用时表示该动作进行的状态。如：

Шөнө Бат орноосоо гэнэт босон харайв. 巴特夜晚突然从床上跳了起来。

Дорж өндөр дуугаар хашгаран гүйж ирлээ. 道尔吉高声喊着跑了过来。

共同副动词经常与其他动词组成许多固定的词组。如：

бүтээн байгуулах   建设

сэргээн босгох   恢复

зохион байгуулах   组织

сурган хүмүүжүүлэх   教育

батлан хамгаалах   防卫

нягтлан бодох   会计

3.1.4 先行副动词（Урьдчилах нөхцөл үйл үг）

后缀是-аад, -ээд, -оод, -өөд，根据元音和谐律分别来加，如动词以长元音或复合元音结尾，则先加г。先行副动词表示该动作发生在后一动作之前。如：

Би номын дэлгүүрээс ном аваад гэртээ харьсан. 我在书店买了书以后回家了。

Дорж өрөөгөө цэвэрлээд гараа угаасан. 道尔吉把房间打扫完以后洗了手。

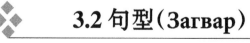 3.2 句型（Загвар）

3.2.1

Оюутнууд гүйлдэж ирэв.

Би хичээлээ давтаж хоолоо хийв.

Бид өнгөрсөн жил хөдөө явж амарсан.

Багш орж ирээд, бидний даалгаврыг шалгав.

Энэ зун хөдөө явж, юм үзэж, сайхан амарна.

Бид өдөржин явж явж эзэнгүй хэдэн сүмд очив.

3.2.2

Бороо арилж, нар гарав.

Одоо тэнгэр цэлмэж, нар гарч байна.

Хонх дуугарч, хичээл завсарлав.

Хүний сайныг ханилж, морины сайныг унаж мэднэ.

3.2.3

Дорж чийдэнгээ унтраан, хаалгаар гарлаа.

Тэр хүн ширээний голд сонин уншин сууна.

3.2.4

Асуулт:

Та Чи Цолмон	хичээл тараад	хаачих вэ? юу хийх вэ? хаашаа явах вэ?
	ажлаа дуусаад	
	хоолоо идээд	
	цайгаа уугаад	
	даалгавраа хийгээд	

Хариулт:

Би Цолмон	хичээл тараад	гуанзанд орно. гэртээ харина. манайд явна. Доржийнд очно. кино үзнэ.
	ажлаа дуусаад	
	хоолоо идээд	
	цайгаа уугаад	
	даалгавраа хийгээд	

3.3 会话（Яриа）

3.3.1

Оюутан: Багш аа, Монгол оронд хавар хэзээ болдог вэ?

Багш: Гурван сараас болдог.

Оюутан: Монгол орны хаврын улирлын онцлог юу вэ?

Багш: Салхи ихтэй. Цаг агаар нь нэг сайхан болж, нэг муухай болж байдаг. Монголчууд хүний муу ааш занг хаврын тэнгэр шиг зантай гэж ярьдаг.

Оюутан: Хавар болохоор газар дэлхий ямар өнгөтэй болдог вэ?

Багш: Хавар болохоор газар дэлхий ногоорч эхэлнэ.

Оюутан: Дулаан байдаг уу?

Багш: Тийм ч дулаан биш, эхлээд хүйтэн. Аажимдаа дулаардаг.

Оюутан: Хүмүүсийн хавар цагийн гол ажил юу вэ?

Багш: Тариачид газар хагалж, үр тариа, хүнсний ногоо тарина, малчид хаваржаандаа нүүж, малаа төллүүлнэ.

3.3.2

- Сайн байна уу? Би эмчид үзүүлье.
- Та анх удаа ирж байна уу?
- Тийм ээ.
- Тэгвэл та энэ хуудсыг бөглөөрэй.
- За, тэгье.

- Та яасан бэ? Суугаач.
- Миний толгой өвдөөд, халуураад байна. Бас хамар битүү, их ханиалгаж байна.
- За, та амаа ангай. Хэлээ гарга! Би таны хоолойг харъя. Та ханиад хүрчээ. Таны халуун хэд байсан бэ?
- 39 градус байсан.
- За, одоо хэд байгааг нь үзье. 38 градус. Халуун буурч байна. Эм ууж байна уу?
- Үгүй, эм уугаагүй ээ. Та эм бичиж өгөөрэй.
- За, бичиж өгье. Та энэ жороо эмийн санчид өгөөрэй. Тэгээд эм аваарай.
- Тэгье. Баярлалаа.

3.4 课文（Унших сэдэв）

ХАДАГ– АРИУН СЭТГЭЛИЙН БЭЛГЭДЭЛ

Монголчууд хадгийг эрхэмлэн ариун цагаан эдийн дээж гэж хүндэлсээр иржээ. Монгол хүн зочин угтах, баярын ерөөл дэвшүүлэхэд алд цэнхэр хадаг, мөнгөн аягатай сүү барьдаг уламжлалтай.

Хадаг XIII (арван гуравдугаар) зууны үед Энэтхэгт үүсээд Төвд, Хятадаар дамжин монголд нэвтэрчээ. Хамгийн бага хэмжээний хадаг 24-28 (хорин дөрвөөс хорин найман) см, дунд хэмжээний хадаг нь 140-148 (нэг зуун дөчөөс нэг зуун дөчин найман) см, том хэмжээний хадаг нь 338-358 (гурван зуун гучин наймаас гурван зуун тавин найман) см орчим байдаг.

Хадаг барьдаг нь ариун сайхан сэтгэл, гүн хүндэтгэлээ илэрхийлж байгаа хэрэг. Авч байгаа хүн хоёр гардан хүндэтгэн тосч аваад 3 нугалж эвхээд өвөртөлдөг.

3.5 生词（Шинэ үгс）

гүйх	（动）跑	хаваржаа(н)	（名）春营地
шалгах	（动）检查	төллүүлэх	（动）使产羔
арилах	（动）清除,消除	толгой	（名）头
цэлмэх	（动）放晴,变晴朗	халуурах	（动）发热,发烧
хонх (н)	（名）钟,铃	ханиалгах	（动）使咳嗽
дуугарах	（动）响,发出声音	амаа ангайх	（词组）张嘴
завсарлах	（动）休息	ханиад хүрэх	（词组）感冒
ханилах	（动）结交,成为伴侣	градус	（名）度
унтраах	（动）使熄灭	хэм	（名）度
тарах	（动）散开,下课	буурах	（动）下降
онцлог	（名）特点	жор	（名）处方
салхи	（名）风	эмийн санч	（词组）药剂师
ааш зан	（词组）性格,性情	хадаг	（名）哈达
ногоорох	（动）变绿	эрхэмлэх	（动）尊崇,推崇,喜爱
газар хагалах	（词组）犁地	дээж	（名）精华,最好的部分
үр тариа	（词组）谷物,庄稼	хүндлэх	（动）尊敬,看重
хүнсний ногоо	（词组）蔬菜	зочин	（名）客人,宾客

угтах	（动）欢迎,迎接	дулаарах	（动）变得温暖
дэвшүүлэх	（动）提升,提出	тарих	（动）播种,种植,注射,接种
алд	（名）(长度单位)庹	нүүх	（动）迁移,搬家
цэнхэр	（形）天蓝色的	эмч	（名）医生
Энэтхэг	（名）印度	анх	（名）第一,首次,初级
Төвд	（名）西藏	хуудас (н)	（名）页,张,幅,字条
дамжих	（动）通过,经过	бөглөх	（动）填满,堵住
нэвтрэх	（动）渗透,深入,遍布	өвдөх	（动）患病,疼痛
орчим	（副）接近	хамар	（名）鼻子
гардах	（动）手持,掌握	битүү	（形）封闭的,密封的,不通的
тосох	（动）接过,接见	хэл (н)	（名）舌头,语言
нугалах	（动）弯曲	гаргах	（动）使……出来
эвхэх	（动）折叠	харах	（动）看,望,看见,照看
өвөртлөх	（动）揣进怀里	ариун	（形）神圣的,纯洁的
өдөржин	（副）整天,全天	сэтгэл	（名）心,思想,感情
эзэн	（名）主人	бэлгэдэл	（名）象征,(对吉兆的)希求
сүм	（名）寺庙	см.	（名）сантиметр的缩写,厘米
Цолмон	（人名）朝勒蒙	дунд	（形）中间的,中级的
хаачих	（动）(口语)去哪里,到哪里去	хэмжээ (н)	（名）度,量,大小
муухай	（形）坏的,不舒服的,难受的,丑恶的,污秽的	барих	（动）赠送,呈献
		гүн	（形）深的,深度的
дэлхий	（名）世界,地球	хүндэтгэл	（名）尊重,尊敬
дулаан	（形）温暖的	илэрхийлэх	（动）表示,表达
аажим	（副）渐渐地,慢慢地,缓缓地	хүндэтгэх	（动）尊敬,敬重

3.6 练习（Дасгал）

3.6.1 朗读下列句子,注意并列、共同、先行副动词的用法。

1. Эгч хоол хийж, ах сонин уншлаа.
2. Ээж сэтгүүл уншиж, аав захидал бичиж байна.
3. Багш ирж хичээл эхэллээ.
4. Бат хоол идэж, Дулмаа цай уув.
5. Эрт цагт ах дүү хоёр тариа тарьж, амьдран суудаг байжээ.
6. Намар өнгөрч, өвөл эхлэв. Уудам тал цагаан цасаар хучигдан, ойн доторхи модод цагаан нөмрөгөө өмслөө.

7. Анчид хурдан морио унаж, хоточ нохойгоо дагуулаад ой руу явцгаав.

8. Та хичээлээ давтаад, юу хийх вэ?

9. Та хагас сайн өдөр кино театрт очиж, билет авах уу?

10. Долгорын аав ажлаасаа ирээд цайгаа уув.

3.6.2 运用先行副动词,把下列各组内的两个句子合为一个句子。

Үлгэр: Би хичээлээс ирлээ.

Би үдийн хоолоо идлээ.

Би хичээлээсээ ирээд үдийн хоолоо идлээ.

1. Би гэрийн даалгавраа хийлээ. Би телевиз үзлээ.
2. Багш номын санд орлоо. Багш сонин үзэж байна.
3. Доржийн найз нэг цагт дэлгүүрт очлоо. Хоёр цагт харив.
4. Миний дүү гэрээсээ гарлаа. Тэр хүүхэд гадаа тоглож байна.
5. Би хичээлийн дараа гэртээ харина. Орой кино үзнэ.
6. Аав дэлгүүрээс хоёр үзэг авлаа. Нэгий нь надад, нэгий нь дүүд өглөө.
7. Гомбо надтай уулзлаа. Тэр явчихлаа.
8. Оюутан Сүрэн дасгалаа бичив. Сүрэн бичсэн дасгалаа багшдаа үзүүлэв.

3.6.3 朗读下列句子,注意先行副动词的用法。

1. Та хаагуур яваад ирэв? Би дэлгүүрээр яваад ирлээ.
2. Би номын дэлгүүрт очоод ирлээ. Шинэ толь бичиг гараад дуусчихжээ.
3. Жамбал хөдөөнөөс саяхан ирээд гэртээ тавих, хүнд өгөх хэдэн том толь авч буцья гэж бодов.
4. Дэлгүүрт ороод толь чухам хаана гарч байгааг эрж тасаг бүрд очиж үзжээ.
5. Маргааш өглөө нь эрт босоод дэлгүүрийн үүдэнд очвол нэг ч хүн алга байв.
6. Нөгөө өвгөн тэр сандал дээр суугаад орос, герман, англи, франц зэрэг олон хэлээр төлөөлөгчидтэй ярилцан эхлэв.
7. Нэгэн үдэш бид буусан буудалдаа үдшийн цай уугаад, маргаашийн хуралд бэлтгэж байтал нэг хүн үүд тогшоод орж ирэв.

3.6.4 使用以下词汇分别造句。

уламжлалтай   дамжих   нэвтрэх   угтах

3.6.5 仿照下面的例子做替换练习。

Үлгэр: Батмөнх хичээлээ тараад гуанзанд ордог.

Батмөнх хичээлээ тарсны дараа гуанзанд ордог.

1. Би ажлаа дуусаад гэртээ харьдаг.
2. Тэр хүн хоолоо идээд цай уух дуртай.
3. Дулмаа нэг юм бичээд надад өгсөн.
4. Би даалгавраа хийгээд кинонд явна.
5. Би энд ирээд удаагүй байна.
6. Бид Монголд ирээд энийг мэдсэн.

3.6.6 参照课文内容，回答下列问题。
1. Монголчууд яагаад хадгийг эрхэмлэн хүндэлсээр ирсэн бэ?
2. Монголчууд хэзээ хадаг барьдаг вэ?
3. Хадаг хэзээ хаана үүссэн бэ?
4. Хадаг хаагуур дамжин монголд нэвтэрсэн бэ?
5. Хадаг ямар ямар хэмжээтэй вэ?
6. Хадаг барьдаг нь ямар сэтгэлийг илэрхийлдэг вэ?
7. Хадаг авсан хүн юу хийх вэ?
8. Чи хадаг авч байсан уу? Хэзээ, хаана?

3.6.7 口语练习。
1. Дөрвөн улирлын тухай ярилц.
2. Эмнэлэгт болох яриа зохион ярилц.

3.6.8 汉译蒙。
1. 春天来了，农民忙着翻地、播种；牧民迁往春营地，准备接羔。
2. 游人们迷路了，走着走着看到一座庙。
3. 一头小绵羊跑了过来。
4. 煮奶茶的时候，先把茶煮开，然后放点盐，最后放奶。
5. 国家很重视教育青年人。
6. 3月8日是国际劳动妇女节，学院和各个系组织了一系列活动。
7. 爷爷回到家，换完衣服，喝了点茶，又看了看今天的报纸。
8. 我去去就来。
9. 昨天哥哥发烧了，咳嗽得很厉害。吃了药，今天退烧了。
10. 小朋友们拉着手、唱着歌去幼儿园了。

第 4 课

ДӨРӨВДҮГЭЭР ХИЧЭЭЛ

```
4.1 语法
    4.1.1 延续副动词
    4.1.2. 条件副动词
    4.1.3. 立刻副动词
4.2 句型
4.3 会话
4.4 课文
4.5 生词
4.6 练习
```

4.1 语法（Хэлзүй）

4.1.1 延续副动词（Үргэлжлэх нөхцөл үйл үг）

后缀是-caap, -сээр, -coop, -сөөр，按元音和谐律分别来加，表示该动作延续不断进行。

Нэгдүгээр ангийн оюутнууд дасгалаа хийсээр байна.
一年级的学生们一直在做练习。

Тариачид газраа хагалсаар байна.　农民们一直在耕地。

4.1.2 条件副动词（Болзох нөхцөл үйл үг）

后缀是-вал, -вэл, -вол, -вөл，在以в, л, м, н结尾的动词上加-бал, -бэл, -бол, -бөл，按元音和谐律分别来加。表示此动作是另一动作发生或不发生的条件。

Хичээлээ сайн давтвал онц сайн сурна.　如果好好复习功课，就能学好。

Та мэдвэл надад хэлээрэй.　您如果知道，请告诉我。

Чи очвол би очно.　你去我就去。

Надад мөнгө байвал би бас авмаар байна.　如果我有钱，我也会买的。

在蒙古语中,除了条件副动词之外,还有一些表示条件的常用格式。

1. 形动词+юм бол,如:

 Чи Улаанбаатарт очих юм бол би бас очно. 你如果去乌兰巴托的话,我也去。
 Та энэ номыг уншсан юм бол надад хэлж болох уу?
 您如果读过这本书的话,可以给我讲讲吗?

2. 第一人称祈使式动词+гэвэл,如:
 Та энэ номыг уншъя гэвэл үүнийг аваарай.
 您要是想读一读这本书,就拿去吧!
 Юм их мэдье гэвэл өдөр бүр ном унших хэрэгтэй.
 要是想知道很多东西,就需要每天读书。

4.1.3 立刻副动词(Бэлтгэх нөхцөл үйл үг)

 后缀=-магц, -мэгц, -могц, -мөгц,按元音和谐律分别来加。表示该动作一发生,其后面的动作立即开始。如:

 Хонх дуугармагц бид хичээлдээ ордог. 铃一响,我们就上课。
 Би орж ирмэгцээ сүүтэй цай уулаа. 我一进来就喝了奶茶。
 Түүнийг ормогц хөгжим эгшиглэв. 他一进来,音乐就响起了。
 Бороо ормогц бид байрандаа гүйж оров. 一下雨,我们就跑进宿舍了。

4.2 句型(Загвар)

4.2.1
Асуулт:

Чи	Монголд ирсээр	
Та	их сургуульд орсоор	удаж байна уу?
Та нар	зочид буудалд буусаар	
Болортуяа	тэр хүнтэй танилцсаар	

Хариулт:

Би	Монголд ирсээр	удаж байна.
Би	их сургуульд орсоор	удаагүй байна.
Бид	зочид буудалд буусаар	нэг сар болж байна.
Болортуяа	тэр хүнтэй танилцсаар	хэдхэн хоног байна.

4.2.2
Асуулт:

Чи / Та	монголоор ярьдаг	болсоор	удаж байна уу?
	тэшүүрээр гулгадаг		
	дугуйгаар явдаг		
	усанд сэлдэг		

Хариулт:

Би	монголоор ярьдаг	болсоор	нэг жил	болж байна.
	тэшүүрээр гулгадаг		хоёр сар	
	дугуйгаар явдаг		жил хагас	
	усанд сэлдэг			

4.2.3

Та	орой ирвэл	манайд оч.
Чи	ажлаа хийвэл	энэ номыг унш.
Мөнх	тэр юмыг уншвал	чамд өгч болно.
Тэр	хоолоо идвэл	юу ч бодохгүй.

4.2.4

Хүн	эрүүл байя гэвэл	спорт оролдох хэрэгтэй.
Чи	түүнтэй танилцъя гэвэл	оройн 7 цагт манайд ир.
Чи	түүнд мөнгө өгье гэвэл	дараа биш, одоо өгөх хэрэгтэй.

4.2.5
Асуулт:

Намайг	зааж өгвөл	чи	сурна	биз дээ?
Ариунааг	заавал	Аюуш	үзнэ	
Тэрнийг	уривал	тэр хүүхэд	очно	
Багшийг	хэлбэл	аав	баярлана	

第4课 ДӨРӨВДҮГЭЭР ХИЧЭЭЛ

Хариулт:

Чамайг	зааж өгвөл	би	сурна.
Ариунааг	заавал	Аюуш	үзнэ.
Тэрнийг	уривал	тэр хүүхэд	очно.
Багшийг	хэлбэл	аав	баярлана.

4.2.6

Асуулт:

Та Чи	одоо өнөөдөр	завгүй	бол,	дараа маргааш	хэлж	өгөхгүй юү?
		ажилтай			бичиж	өгөөрэй.
		хичээлтэй			орчуулж	

Хариулт:

За,	тэгье.

4.2.7

Би хичээл дуусмагц	нутагтаа буцна.
Багш ирмэгц	хичээл эхэлнэ.
Хавар болмогц	хөдөө явах санаатай.
Намайг дохио өгмөгц	гүйгээрэй.
Чамайг хэлмэгц	гэнэт саналаа.
Намайг (гар утсаар) дохимогц	буцаагаад залгаарай.

4.2.8

Асуулт:

Та	энийг үзмээр	бол	хэлээрэй,	хамт үзнэ шүү.
	энийг авах юм			хамт авна шүү.
	энийг унших юм			хамт уншина.

Хариулт:

За, за, би	үзмээр	бол,	чамд хэлнэ.
	авах юм		чамд хэлэлгүй яах вэ.
	унших юм		чамд хэлэлгүй яахав.

4.2.9

Та Чи	унтах юм	бол,	унт унт.
	харих юм		харь харь.
	суух юм		суу суу.
	босох юм		бос бос.
	юм идмээр		ид ид.
	юм уумаар		уу уу.

4.3 会话（Яриа）

4.3.1

Оюун: Дорж оо, өнөөдөр "Тэнгис" кино театрт ямар кино гарах вэ?

Дорж: Ямар кинотойг мэдэхгүй байна. Ойрдоо ажил их. Кино мино үзэх зав гарахгүй л байна.

Оюун: Сайхан кино байвал үзэх үү?

Дорж: Сайхан кино гарвал үзэлгүй яахав?

Оюун: Тэгвэл хоёулаа киноны зарлал үзье.

Дорж: За, энэ зарлал байна аа. "Тунгалаг Тамир"-ын нэгдүгээр анги байна. Үзэх үү?

Оюун: Энэ кинонд юу гардаг юм бэ?

Дорж: Энэ кинонд уу? Энэ кинонд эхлээд монголын ард түмний аж байдлыг харуулаад, дараа нь ардын засгийн ялалтыг үзүүлдэг юм аа. Би Лодойдамбын романыг уншаад энэ кино үзэхийг их хүссэн.

Оюун: За, хоёулаа үүнийг үзье. Билет зармагц нь авъя.

4.3.2

Нараа: Сараа, залуучуудын баярын үдэшлэгт чи ямар дуу дуулах вэ?
Сараа: Одоо арай шийдээгүй байна. Чамаас зөвлөгөө авъя.
Нараа: "Хэрвээ сайхан амьдарч байвал" гэдэг дуу ямар вэ?
Сараа: Энэ дуу юу? Би дуулаад үзье. "Хэрвээ сайхан амьдарч байвал алгаа таш, хэрвээ сайхан амьдарч байвал бие бие рүүгээ инээмсэглээд, хэрвээ сайхан амьдарч байвал алгаа таш..."
Сараа: Чи ёстой сайхан дуулж байна. Үдэшлэгт энэ дууг дуулаарай.
Нараа: Хаанаас даа. Чи надтай хамт дуулбал яах вэ?
Сараа: Би юу? Үгүй, би чадахгүй. Би тайзанд гарахаас айдаг.
Нараа: Битгий ай. Хоёулаа хамт дуулж үзье.

4.4 课文 (Унших сэдэв)

МУЗЕЙ, ҮЗЭСГЭЛЭН

Та Улаанбаатарт очвол олон сонин сайхан музей, үзэсгэлэн үзэж болох юм. Жишээлбэл: Байгалийн түүхийн музей, Улаанбаатар хотын музей, Түүхийн музей, Богд хааны ордон музей, Чойжин ламын сүм-музей зэрэг их сонин музейнүүд бий. Улаанбаатарын үзэсгэлэнгийн танхимуудад бараг сар бүр янз бүрийн сэдэвтэй үзэсгэлэн гардаг. Нэг сарын өмнө ардын уран бүтээлийн үзэсгэлэн гарсан. Саяхан залуу зураач нарын бүтээлийн үзэсгэлэн гарсан байна. Бид саяхан Дүрслэх урлагийн музей үзэв. Тэнд голдуу монголын урлагийн хуучин, шинэ бүтээл байсан. Орчин үеийн монгол зураач нарын олон сонин зураг үзлээ.

Бид тэр музейн бүх танхимаар орсон. Музейн тайлбарлагч хүүхэн их л сайхан тайлбарлаж байв. Бид монгол хэлэнд сайнгүй болохоор их юм мэдэж чадсангүй. Монгол хэлэнд сайн болоод дахин үзнэ. Гэвч бид энэ музейгээс Монголын тухай, Монголын урлагийн тухай олон шинэ юм мэдэж авлаа. Биднийг музейгээс гарахад музейн эрхлэгч "манай музейд дахин дахин ирж байгаарай" гэж урив.

4.5 生词 (Шинэ үгс)

зочид буудал	（词组）宾馆	хонох	（动）过夜,过一天
удах	（动）久,长久,延迟	дугуй	（名）圆圈,轮子,自行车

эрүүл	（形）健康的	тайлбарлагч	（名）解说员
спорт	（名）体育运动	санагдах	（动）被想起,被感受到,被感觉到
урих	（动）请,邀请		
дохио(н)	（名）信号	эрхлэгч	（名）负责人,主任,主管
зарлал	（名）广告,告示,海报,宣传页	дахин	（名）次,（副）再,倍数
		танилцах	（动）认识,相互认识
тунгалаг	（形）清澈的	тэшүүр	（名）冰鞋,冰刀
Тунгалаг Тамир	（词组）《清澈的塔米尔河》	Мөнх	（人名）孟和
		заах	（动）指,指出
ард түмэн	（词组）人民	Ариунаа	（人名）阿伦娜
харуулах	（动）使看见,体现,展示	Аюуш	（人名）阿尤喜
		гэнэт	（副）突然
ялалт	（名）胜利	буцаах	（动）返回,归还
роман	（名）长篇小说	залгах	（动）拨打（电话）,接上
зарах	（动）卖,销售	Оюун	（人名）奥云
үдэшлэг	（名）晚会	тэнгис	（名）海洋
зөвлөлгөө	（名）建议	театр	（名）剧院
алга(н)	（名）手掌	ойрдоо	（副）最近,近日
таших	（动）鼓(掌)	аж байдал	（词组）生活状况,日常生活
алга таших	（词组）鼓掌	Лодойдамба	（人名）洛道依丹巴
инээмсэглэх	（动）微笑	Нараа	（人名）娜拉
тайз(н)	（名）舞台	Сараа	（人名）萨拉
музей	（名）博物馆	арай	（副）勉强,稍微,几乎
үзэсгэлэн	（名）展览,景观	шийдэх	（动）决定
байгаль	（名）大自然	ёстой	（副）确实,真正的,应该
сэдэв	（名）内容,主题	хаанаас даа	（词组）哪里
бүтээл	（名）作品	айх	（动）害怕

4.6 练习（Дасгал）

4.6.1 朗读下列句子,注意其中几种副动词的用法。

1. Та энэ номыг уншаагүй бол одоо унш.
2. Таныг кино үзэхгүй бол би бас үзэхгүй.
3. Аавыг ирвэл чи надад хэлээрэй.
4. Ээжийг ажилдаа явсан бол би хоол хийе.

第4课 ДӨРӨВДҮГЭЭР ХИЧЭЭЛ

5. Таныг явахгүй бол би явъя.

6. Би аавaас захиа хүлээж авмагцаа хариу бичлээ.

7. Бат өглөө босмогц номоо уншлаа.

8. Гэрэл унтармагц жүжиг эхэллээ.

9. Биднийг суудалдаа суумагц гэрэл унтарсан.

10. Эрх чөлөө, тусгаар тогтнолын төлөө тэмцсээр ирэв.

11. Оюутан номоо уншсаар л байлаа.

12. Хичээл эхэлсээр 2 долоо хоног өнгөрөв.

4.6.2 填适当的副动词后缀。

1. Гэрэл унтар _____ кино гарч эхэллээ.

2. Сургууль тар _____ нутагтаа харив.

3. Маргааш амар _____ цэцэрлэгт очиж зугаалъя.

4. Дэлгүүр онгой _____ би орлоо.

5. Одоо явахгүй _____ хожимдоно шүү.

6. Хөдөө суу _____ таны бие сайжирна.

7. Тэд дуу дуулж, бүжиг бүжиглэ _____ шөнө дунд болов.

8. Доржийг ирсэн _____ би очиж уулзмаар байна.

9. Музей үзэх гэж өглөөнөөс эхлэн хүмүүс ир _____ байна.

10. Үдэшлэг тарж, ажилчны соёлын ордноос хүмүүс гар _____ байна.

4.6.3 选择适当的条件副动词后缀。

1. Манан арил _____ онгоц ниснэ.
   а. -вал   б. -бал   в. бол

2. Чи маргааш явах юм _____ надад заавал хэлээрэй.
   а. -бал   б. -вал   в. бол

3. Танд мөнгө хэрэгтэй _____ над руу утсаар яриарай.
   а. -бэл   б. -вол   в. бол

4. Та завтай _____ манайд очооч.
   а. бол   б. -вал   в. -бал

5. Үнэнээр яв _____ үхэр тэргээр туулай гүйцнэ.
   а. -бал   б. -вал   в. бол

6. Хий _____ бүү ай. Айвал бүү хий.
   а. -бэл   б. бол   в. -вэл

7. Уул нь чи ирсэн _____ их сайн байсан юм.
   а. -бэл   б. -вэл   в. бол

8. Таханиалгаж байгаа _____ эмчид очих хэрэгтэй.
   а. бол   б. -вал   в. -бал

4.6.4 参照课文内容，回答下列问题。

1. Улаанбаатарт ямар ямар музей үзэсгэлэн байдаг вэ?
2. Улаанбаатарын үзэсгэлэнгийн танхимуудад бараг өдөр бүр янз бүрийн сэдэвтэй үзэсгэлэн гардаг уу?
3. Нэг сарын өмнө ямар үзэсгэлэн гарсан бэ?
4. Саяхан ямар үзэсгэлэн гарсан бэ?
5. Дүрслэх урлагийн музейд ямар ямар бүтээл үзэж болох вэ?
6. Дүрслэх урлагийн музей үзээд юу юу санагдсан бэ?
7. Дүрслэх урлагийн музейн эрхлэгч юу гэж хэлсэн бэ?
8. Чи ямар ямар музей үзэсгэлэн үзсэн бэ?

4.6.5 仿照下面的例子做替换练习。

Үлгэр: Чи сургууль руу явах уу? Надад хэлээрэй.
Чи сургууль руу явбал надад хэлээрэй.

1. Та Бээжинд очих уу? Миний нэг найзтай уулзаарай.
2. Чи номын сан руу явах уу? Миний энэ захиаг шууданд хийхгүй юү?
3. Чи номын дэлгүүр явах гэж байна уу? Надад ийм дэвтэр авчрахгүй юү?
4. Та шуудангийн хаягийг олсон уу? Надад түргэн явуулаарай.
5. Чи номын санд очно. Тэгвэл надад түүхийн хоёр боттой ном захиалахгүй юү?
6. Чамд "Монгол-Хятад толь бичиг" байдаг. Энэ хэдэн үгийг хараад өгөөч.
7. Одоо хичээлд явах гэж байна уу? Хоолоо бушуухан ид.
8. Чи хөгжим сонсох дуртай юу? Тэгвэл тэр өрөөнд очиж сонс.
9. Миний гар утас цүнхэн дотор алга уу? Тэгвэл орон дээр үзээрэй.

4.6.6 朗读并把下列句子翻译成中文。

1. Нохой хуцмагц гэрээс хүн гарч ирлээ.
2. Би мөнгөө дуусмагц гэр лүүгээ мөнгө захидаг.
3. Долоо хоногийн өмнө захиа авмагц хариу бичсэн.
4. Хонх дуугармагц хичээл эхэлнэ.
5. Мессеж явуулмагц хариугаа ирүүлж бай.
6. Эцсийн шийд гармагц чамд шууд дуулгана.
7. Өглөө найм болмогц хичээл эхэлнэ.
8. Мөнгө өгмөгц үрээд хаячих нь муу зуршил шүү.
9. Хүн хэлмэгц ойлгодог бол их сайн.

第4课 ДӨРӨВДҮГЭЭР ХИЧЭЭЛ

4.6.7 口语练习。

1. Дуртай киноны тухай ярилц.
2. "Хэрвээ сайхан амьдарч байвал" гэдэг дууг сонсоод сураарай.

Хэрвээ сайхан амьдарч байвал

(1)

Хэрвээ сайхан амьдарч байвал
Алгаа таш
Хэрвээ сайхан амьдарч байвал
Алгаа таш
Хэрвээ сайхан амьдарч байвал
Бие бие рүүгээ инээмсэглээд
Хэрвээ сайхан амьдарч байвал
Алгаа таш

(2)

Хэрвээ сайхан амьдарч байвал
Гараа ингэ
Хэрвээ сайхан амьдарч байвал
Гараа ингэ
Хэрвээ сайхан амьдарч байвал
Бие бие рүүгээ инээмсэглээд
Хэрвээ сайхан амьдарч байвал
Гараа ингэ

(3)

Хэрвээ сайхан амьдарч байвал
Өвдгөө цохь
Хэрвээ сайхан амьдарч байвал
Өвдгөө цохь
Хэрвээ сайхан амьдарч байвал
Бие бие рүүгээ инээмсэглээд
Хэрвээ сайхан амьдарч байвал
Өвдгөө цохь

(4)

Хэрвээ сайхан амьдарч байвал
Хөлөө дэвс
Хэрвээ сайхан амьдарч байвал
Хөлөө дэвс
Хэрвээ сайхан амьдарч байвал
Бие бие рүүгээ инээмсэглээд
Хэрвээ сайхан амьдарч байвал
Хөлөө дэвс

(5)

Хэрвээ сайхан амьдарч байвал
Бүхнийг хий
Хэрвээ сайхан амьдарч байвал
Бүхнийг хий
Хэрвээ сайхан амьдарч байвал
Бие бие рүүгээ инээмсэглээд
Хэрвээ сайхан амьдарч байвал
Бүхнийг хий

4.6.8 汉译蒙。

1. 你下乡的话,就早点走,不然今晚回不来。
2. 一回到宿舍就给妈妈打电话吧,不然的话她会担心。
3. 过年吃饺子的习俗从古代一直延续下来。
4. 电话一响,孩子就醒了。
5. 北京有很多公园,比如颐和园、圆明园、中山公园和景山公园。
6. 蒙古语有一句谚语,"做就别怕,怕就别做"。
7. 巴特来中国多久了?
8. 要是下雨的话就打不了球了。
9. 去年我们一直做语音练习和听力练习。
10. 如果你能参加就太好了!

第 5 课

ТАВДУГААР ХИЧЭЭЛ

> 5.1 语法
>   5.1.1 让步副动词
>   5.1.2 界限副动词
>   5.1.3 跟随副动词
>   5.1.4 乘机副动词
> 5.2 句型
> 5.3 会话
> 5.4 课文
> 5.5 生词
> 5.6 练习

5.1 语法(Хэлзүй)

5.1.1 让步副动词(Дутагдах нөхцөл үйл үг)

后缀是-вч,表示即使该动作发生,其后的动作也不会发生;或即使该动作不发生,其后面的动作也要发生。也就是产生一种与正常逻辑发展相反的结果。汉语可译为:"虽然……,但是……""尽管……,然而……"等。

боловч 就是由бол加-вч构成的。如:

Бороо оровч би явна.　　虽然下雨了,但我将前往。

Би үүнийг уншивч ойлгохгүй байна.　　我虽然读了,但还不明白。

在蒙古语中,除了让步副动词以外,还有一些表示让步的常用格式。

1. 形动词+боловч(虽然……,但是……),如:

Би монгол хэл олон жил сурсан боловч сайн ярьж чадахгүй.

我虽然学了很多年蒙古语,但是说不好。

2. 形动词+ч гэсэн(尽管……,还是……),如:

Миний ах энэ номыг уншсан ч гэсэн сайн ойлгоогүй.
我哥哥尽管看了这本书，但是他没有懂。

5.1.2 界限副动词（Уггуулах нөхцөл үйл үг）

后缀是-тал, -тэл, -тол, -төл,根据元音和谐律分别来加。它表示：

1. 下一个动作延续的界限。如：

- Би хэдий хүртэл энд сууж байх вэ?　我在这里坐到什么时候？
- Та намайг иртэл энд сууж байгаарай.　您坐到我来。
Бид хичээл эхэлтэл гадаа тоглолоо.　我们在外面玩儿到了上课。

2. 该动作刚要进行，或正在进行时，发生了下一个动作。如：

Доржийг гэрээсээ гартал цас орж байлаа.　道尔吉刚要出门就下雪了。
Батыг телевизийн нэвтрүүлэг үзэж байтал хүн орж ирэв.
巴特正在看电视，有人进来了。

5.1.3 跟随副动词（Дагалдах нөхцөл үйл үг）

后缀是-хлаар, -хлээр, -хлоор, -хлөөр,按元音和谐律分别来加。表示该动作发生之后，随即发生下一个动作。如：

Чамайг ирэхлээр би явна.　你来了我就去。
Хонх дуугарахлаар багш оюутан нар хичээлд орно.
铃响了，老师和学生们就开始上课。

5.1.4 乘机副动词（Дашрамдах нөхцөл үйл үг）

乘机副动词又可分为两类：

1. 按元音和谐律分别加后缀-нгаа, -нгээ, -нгоо, -нгөө,表示乘进行该动作之机，顺便完成下一动作。如：

Чи явангаа шуудангаар ороорой.　你去的时候顺便去趟邮局。
Хотоос ирэнгээ надад дэвтэр аваад ир.　你从城里来的时候顺便给我买个练习本来。

注意：
1) 主语只有一个。
2) 用得较少。
3) 不能用无人称反身后缀。

2. 按元音的阴阳性分别加-нгуут(-уут)或-нгүүт(-үүт)表示该动作一完成，下一动作就接着发生，类似立刻副动词。如：

Аавыг явангуут кино гарч эхлэв.　爸爸一走，电影就开始了。
Гэрэл унтрангуут кино гарч эхэллээ.　灯一灭，电影就开始了。

注意：

1) 主语可以是两个，也可以是一个。如果主语是两个，则表示"该动作一完成，下一动作就接着发生"，这时类似立刻副动词。如果主语是一个，则用法与 -нгаа, -нгээ, -нгоо, -нгөө 相同。

2) 可以加无人称反身后缀。例如：Төмөр гэртээ оронгуутаа ээж ээ! гэж дуудав. 帖木尔进门就叫了声"妈！"。

5.2 句型（Загвар）

5.2.1

Би японоор сонсоод ойлговч, хариулж чаддаггүй.
Энэ хот олон хүнтэй боловч нийтийн тээврийн үйлчилгээ маш сайн.
Манай захирал хүн их загнадаг ч гэсэн сэтгэл нь цагаан.
Нямдорж ажлаа сайн хийдэг ч гэсэн зан аашаар муухан.
Нөхөр нь хайрлавч эхнэр нь ойлгодоггүй.
Өчигдөр бороо орсон боловч өнөөдөр тэнгэр цэлмэг байна.
Тэр хүн ярианы хэлэнд сайн ч гэсэн бичгийн хэлэнд тааруу.
Би төгөлдөр хуур тоглодог ч гэсэн дуу дуулж чаддаггүй.

5.2.2

Асуулт:

Би	чамайг	хэд	хүртэл	хүлээх вэ?
	таныг	хэдэн цаг	болтол	
	тэрнийг			

Хариулт:

Чи	намайг	орой	хүртэл	хүлээ.
Та	тэрнийг	өглөө	болтол	хүлээгээрэй.
		шөнө дунд		хүлээж бай.
		гурван цаг		хүлээж байгаарай.

5.2.3
Мэдээлэл:

Би	чамайг	11 цаг	хүртэл	хүлээнэ шүү.
		Оюуныг	иртэл	
		Батыг	явтал	
		кино	эхэлтэл	

Хариулт А:

Чи	намайг	11 цаг	хүртэл	битгий хүлээ.
		Оюуныг	иртэл	хүлээх хэрэггүй.
		Батыг	явтал	хүлээгээд яахав.
		кино	эхэлтэл	

Хариулт Б:

Тэгээрэй.

5.2.4
Асуулт:

Та	хзээ	
Та нар	хэдийд	буцаж ирэх вэ?
Чиний багш	хэдийгээр	

Хариулт:

Би	зун болохлоор л	
Бид	намар болохлоор л	буцаж ирнэ.
Миний багш	өвлийн амралт дуусахлаар л	

5.2.5
Асуулт:

Хоёулаа	хзээ	уулзах вэ?
Би тантай	хэдийд	ярилцах вэ?

Хариулт:

Хичээл	завсарлахлаар	уулзъя.
Өвөл	болохлоор	
Дамбыг	ирэхлээр	
Охиныг	унтахлаар	ярилцъя.
Түүнийг	гарахлаар	
Шөнө	болохлоор	

5.2.6

Болортуяа	цай чанангаа	шинэ үг цээжилж байсан.
Тэр хүн	орондоо хэвтэнгээ	ном үздэг.
Энэ хоёр	хоол идэнгээ	юм ярих дургүй.
Бид нар	тийшээ явангаа	ярилцъя.

5.2.7 харьцуулж үз.

А.

Доржийг ирэнгүүт	Дулмаа явсан.
Тэр хүнийг оронгуут	би гарсан.
Намайг хэлэнгүүт	тэд нар мэдсэн.
Тэд нарыг ярингуут	багш санасан.

Б.

Дорж ирэнгүүтээ	Дулмаатай ярилцсан.
Тэр хүн оронгуутаа	надтай мэндэлсэн.
Би сэрэнгүүтээ	цагаа харсан.
Тэд нар хэвтэнгүүтээ	унтдаг хүмүүс юм.

5.3 会话（Яриа）

5.3.1

Дүү: Эгч ээ, та надад цанаар гулгахыг зааж өгнө гэсэн шүү дээ. Одоо цастай байна. Явах уу?

Эгч: Дүү минь, одоо цастай боловч ийм нойтон цас цанаар гулгахад муу.

Дүү: Яана, тэгвэл бид хэзээ гулгахаар явах вэ?

Эгч: Дахиад цас орохлоор хоёулаа явъя. Тэгэх үү?

Дүү: Тэгсэн ч яах вэ?

5.3.2

Бат: Дулмаа, чи гал зуухны өрөөнд ном үзээд, юу хийж байгаа юм бэ?

Дулмаа: Би хоолоо хийнгээ англи хэлний яриа цээжилж байгаа юм аа. Маргааш шалгалттай!

Бат: Чи цагийг сайн ашигладаг юм байна! Шалгалт чинь маргааш дуусах уу?

Дулмаа: Тэгнэ. Бат ах аа, та завтай бол энэ хоолыг харж байгаарай.

Бат: Завтай, завтай. Би хоолыг чинь харангаа бас үг цээжилье.

Дулмаа: Энэ хоол буцлангуут над хэлээрэй.

Бат: За, буцлангуут нь хэлье.

5.3.3

А: Би номын сан руу явангаа танайд очмоор байна.

Б: Тэг, тэг. Би хүлээж байя.

А: Их оройтвол намайг битгий хүлээгээрэй.

Б: Гэрээсээ эртхэн гараач дээ.

А: Заримдаа юм санаснаар болдоггүй шүү дээ.

Б: Тийм л дээ. За, энэ ямар сүртэй юм биш дээ. Заавал ирээрэй.

5.3.4

А: Өчигдөр манайд ирнэ гэсэн яасан бэ?

Б: Гарах гэж байтал бороо ороод гарч чадсангүй.

А: Би чамайг хүлээсээр байгаад юу ч хийж амжсангүй.

Б: Уучлаарай. Би ирэх долоо хоногт очно.

А: За, чи мартуузай.

5.4 课文（Унших сэдэв）

ДӨРВӨН УЛИРАЛ

Хавар, зун, намар, өвлийг жилийн дөрвөн улирал гэдэг. Монгол орон жилийн дөрвөн улиралтай. Хавар салхи их салхилна. Хавар болоход (болохлоор) цас мөс хайлж, цэцэг ногоо ургаж, дулаан орноос нүүдлийн шувууд ирдэг. Хавар мал төллүүлэх, үр тариа, хүнсний ногоо тарих их ажил байдаг.

Зун аянгатай, цахилгаантай, салхитай бороо ордог. Зуны агаарын хэм заримдаа гучаас гучин таван хэм (30°-35°) хүрдэг. Зуны өдөр урт, шөнө нь богино. Зун нар их гарна. Зун болоход айлууд зусланд гардаг. Сургуулийн сурагч оюутан амардаг. Оюутны зарим нь дадлагад гарч, зарим нь пүүс, компанид очиж ажилладаг.

Намар жимс, үр тариа, хүнсний ногоо боловсорч, ургац хураах их ажил гардаг. Өвс ногоо шарлана. Намрын сүүл сард ус хөлдөж эхэлнэ.

Өвөл цас орж, уул, тал цагаан өнгөтэй болно. Монгол орны өвлийн дундаж хүйтэн хорин таваас гучин хэм (25°-30°) байдаг. Өвөл болохтой зэрэг малчин ардууд өвөлжөөндөө буудаг.

5.5 生词（Шинэ үгс）

ойлгох	（动）理解	ашиглах	（动）利用
нийтийн тээвэр	（词组）公共交通	сүртэй	（形）威严的,厉害的
үйлчилгээ (н)	（名）服务	амжих	（动）来得及,赶得上
загнах	（动）责备	хайлах	（动）融化
нөхөр	（名）丈夫,同志	нүүдлийн шувуу	（词组）候鸟
хайрлах	（动）爱,喜爱,热爱	аянга	（名）雷
тааруу	（形）不太好的	урт	（形）长的
төгөлдөр хуур	（词组）钢琴	богино	（形）短的
чанах	（动）煮	айл	（名）家,户,邻里
цээжлэх	（动）背诵	зуслан	（名）夏营地
хэвтэх	（动）躺	пүүс	（名）商店,铺子
сэрэх	（动）醒来	боловсрох	（动）成熟
нойтон	（形）湿的,潮湿的	ургац	（名）收获,产量
гал зуухны өрөө	厨房	хураах	（动）收,收集,收拾

өвөлжөө(н)	（名）冬营地	орон	（名）国家,地区
Дамба	（人名）丹巴	төллүүлэх	（动）使产羔,使增殖
дахиад	（副）重新,再,又	хүнс(н)	（名）食品,食物
буцлах	（动）沸腾,煮沸,烧开	шарлах	（动）发黄,变黄
оройтох	（动）迟,晚,耽误,来不及	сүүл	（名）末尾,结尾
заавал	（副）一定,必须,务必	хөлдөх	（动）冻结,结冰
мартах	（动）忘记	дундаж	（形）平均的,平均数
ногоо	（名）青草,青菜	буух	（动）安居,下榻

5.6 练习（Дасгал）

5.6.1 在下列句子中使用界限副动词,但不改变原意。

Үлгэр：Биднийг тасалгаандаа сууж байхад багш орж ирэв.

Биднийг тасалгаандаа сууж байтал багш орж ирэв.

1. Биднийг онгоцны буудал дээр очиход онгоц ирчихсэн байлаа.
2. Тэднийг зугаалж явахад Өлзий ирж уулзлаа.
3. Хичээл бичиж байхад үзэгний минь бэх дуусчихлаа.
4. Намайг биеийн тамирын ордонд очиход тэмцээн эхэлчихсэн байлаа.
5. Долгорыг гэртээ ороход хүү нь хувцсаа өмсөөд гарлаа.

5.6.2 用"–вч, боловч"连接下面的句子。

1. Би түүнд энэ тухай ярьсан. Гэвч тэр анхаараагүй.
2. Энэ хүнд билет авч өгсөн. Гэвч тэр хүн тэр киног үзсэнгүй.
3. Би хөдөө төрж өссөн. Гэвч хотод амьдардаг.
4. Багш Дарханд ажилладаг. Гэвч гэр бүл нь энд амьдардаг.
5. Түүнд радио байгаа. Гэвч тэр миний радиог сонсож байна.
6. Ер нь их сургуульд 5 жил сурах ёстой. Гэвч би 4 жил сурсан.
7. Голдуу үхэр, хонины махаар хоол хийдэг. Харин өнөөдөр тэмээний махаар хоол хийнэ.
8. Би худалдааны төвд очсон. Гэвч миний авах гэсэн гутал тэнд байсангүй.
9. Би тэр хүнд "суу" гэж хэлсэн. Гэвч тэр хүн суусангүй.
10. Ээж цонх нээсэн. Гэвч бас их бүгчим байлаа.

5.6.3 用跟随副动词或乘机副动词后缀连接下列句子。

1. Бат өлсөнө. Тэр юу ч хамаагүй иддэг.
2. Хүүхдүүд цангана. Тэд мөхөөлдөс долоодог.
3. Дарга баярлана. Тэр дуу дуулдаг.
4. Тарган хүн халууцна. Түүний нүүр улайдаг.
5. Чи ажил дээр сонин авчир. Би түүнийг уншина.
6. Би гэртээ харина. Би хоолоо хийнэ.
7. Та сургууль дээр очно. Та түүнтэй утсаар ярих уу?
8. Би тантай уулзсан. Би энэ тухай ярьсан.
9. Ээж таны тухай сонссон. Ээж танайх руу явав.
10. Та ирнэ. Бид хоёр дэлгүүр явна.
11. Ээж хоол хийнэ. Бүгдээрээ хамт идье.
12. Аав хотоос ирнэ. Бид бэлэг авна.
13. Нар шингэнэ. Харанхуй болно.
14. Онгоц бууна. Ачааны машин ирнэ.
15. Зун болно. Би ээждээ очих дуртай.
16. Хавар эрт бороо орсон. Ногоо сайн ургалаа.

5.6.4 参照课文内容，回答下列问题。

1. Жилийн дөрвөн улирал гэдэгт юу юу байдаг вэ?
2. Монгол орон хэдэн улиралтай вэ?
3. Монголын хаврын байдал ямар байдаг вэ?
4. Монголын зун ямар вэ?
5. Сурагч оюутан зун юу юу хийдэг вэ?
6. Чи монголын намарт дуртай юу? Яагаад?
7. Малчин ардууд дөрвөн улиралд хаа хаана буудаг вэ?
8. Чи аль улиралд нь дуртай вэ? Учраа хэлнэ үү?

5.6.5 仿照下面的例子做替换练习。

Үлгэр: Би явахгүй. Чи явах уу?
　　　　Намайг явахгүй бол чи явах уу?

1. Бат гуай дуурь бүжгийн театр луу явахгүй. Та нар тийшээ очих уу?
2. Та номын сан руу явахгүй юу? Би явмааргүй байна.
3. Зурагтаар монгол кино гарахгүй. Та үзэж чадахгүй.
4. Та концерт үзэхгүй. Хоёулаа кино үзэх үү?
5. Дорж түүхийн музей рүү явахгүй. Би ч бас явахгүй.
6. Чи номын мухлагаар орохгүй. Би өөрөө орж үзье.

7. Цэцэгмаа номын санд очихгүй. Хоёулаа тийшээ очъё.

8. Ариунаа тэр концертод дуулахгүй. Тэгвэл хүмүүс концерт үзэхгүй.

9. Та тэр номыг уншихгүй. Тэгвэл би авчрахгүй.

10. Биднийг гэртээ урихгүй. Бид тэднийд очихгүй.

5.6.6 口语练习。

1. Найзтай болзох тухай ярилц.

2. Цагийг яаж сайн ашиглах тухай ярилц.

5.6.7 汉译蒙。

1. 您就坐在这儿等着我来,哪儿也别去。
2. 虽然很想回家,可是买不到火车票。
3. 邮递员看了一下我的证件就把我的包裹递给我了。
4. 电影刚结束,灯就亮了。
5. 她虽然会说蒙古语,可是不会写。
6. 道尔吉一边放羊一边唱歌。
7. 虽然妈妈已经很累了,但是还是把衣服洗完才睡觉。
8. 你去学校的时候顺便借几本书吧。
9. 做事要有始有终。
10. 虽然下雪了,但是外面一点也不冷。

第6课

ЗУРГАДУГААР ХИЧЭЭЛ

> 6.1 语法
>   6.1.1 表示时间的常用格式
>   6.1.2 表示选择的常用格式
> 6.2 句型
> 6.3 会话
> 6.4 课文
> 6.5 生词
> 6.6 练习

6.1 语法(Хэлзүй)

6.1.1 表示时间的常用形式(Цагийг илтгэх арга)

在蒙古语中,表示时间常用以下5种形式。

1. -хад(-хдаа)(在……时)

Би МУИС-д суралцаж байхдаа түүнтэй танилцав.
我在蒙古国立大学学习的时候认识了他。

Намайг МУИС-д суралцаж байхад тэр багш тэнд ажиллаж байсан.
我在蒙古国立大学学习的时候,那位老师在那里工作。

2. -снаас хойш(在……以后)

Бээжингийн Их Сургуульд орсноос хойш би монгол хэл сурч эхэлсэн.
进入北京大学以后,我开始学习蒙古语。

Бээжинд ирснээс хойш Бат хятад хэл сурч байна.
来到北京以后,巴特正在学习汉语。

3. -сны дараа(在……以后)

Бид цэвэрлэсний дараа амарна. 我们打扫以后就休息。

Дорж цай уусны дараа хичээлээ давтана.　道尔吉喝茶后就复习功课。

4. -хаас өмнө（在……以前）

Хичээл эхлэхээс өмнө та нар шинэ үгс сайн цээжлээрэй.
上课之前你们好好背生词。

Би явахаас өмнө тантай утсаар ярина.　我走之前给您打电话。

5. -аас ... (-ыг) хүртэл（从何时到何时）

2 дугаар сараас 7 дугаар сар хүртэл бид хичээл хийдэг.　从2月至7月我们上课。
2006 оноос 2010 оныг хүртэл миний ах Шинжлэх ухаан техникийн их сургуульд суралцаж байсан.　从2006年至2010年我哥哥在科技大学就读。
Тэр үеэс одоо хүртэл тэд Улаанбаатар хотод суусаар ирсэн юм.
从那时到现在他们一直住在乌兰巴托市。

6.1.2 表示选择的常用形式（Сонгох утгыг илтгэх арга）

在蒙古语中，通常使用下列形式表示选择：... юм уу, эсвэл ... юм уу?（是……呢, 还是……呢?）。例如:

Та цай уух уу, ус уух уу?　您喝茶, 还是喝水?
Би Адьяа багшаас асуух юм уу, эсвэл та асуух юм уу?
是我来问阿迪亚老师, 还是您问?
Энэ ажлыг Нараа хийсэн юм уу, эсвэл Дулмаа хийсэн юм уу?
这项工作是娜拉做的, 还是杜勒玛做的?

6.2 句型（Загвар）

6.2.1

Асуулт:

Чи дунд сургуульд байхдаа	хэр сайн сурч байсан бэ?
Чи Бээжинд байхдаа	юу хийж байсан бэ?
Та нар энд байхдаа	хятад хэл үзсэн үү?

Хариулт:

| Би дунд сургуульд байхдаа | сайн сурч байсан. |
| Би Бээжинд байхдаа | багш хийж байсан. |

第6课 ЗУРГАДУГААР ХИЧЭЭЛ

| Бид энд байхдаа | хятад хэл үзээгүй. |

6.2.2
Асуулт:

Чамайг дунд сургуульд байхад	Дорж хэр сайн сурч байсан бэ?
Чамайг Бээжинд байхад	Оюун юу хийж байсан бэ?
Та нарыг энд байхад	тэд хятад хэл үзсэн үү?

Хариулт:

Намайг дунд сургуульд байхад	Дорж сайн сурч байсан.
Намайг Бээжинд байхад	Оюун багш хийж байсан.
Биднийг энд байхад	тэд хятад хэл үзэж байгаагүй.

6.2.3

Би	гуанзанд очихдоо	банкаар орсон.
Би	номын санд очихдоо	Пүрэвтэй дайралдсан.
Би	танайд очихдоо	хэдэн захиа явуулсан.
Бид нар	найзындаа очихдоо	киноны тухай ярьдаг байсан.

6.2.4

Намайг гуанзанд очиход	Сүрэн тэнд сууж байсан.
Болдыг дэлгүүрт ороход	Эрдэнэцэцэг замд явж байсан.
Хашбатыг танайд байхад	багш утсаар ярьсан.
Тэд нарыг сургуулиас явахад	тэр хүн их дэлгүүр лүү явсан.
Та нарыг манайд ирэхэд	би цай чанаж байсан.
Таныг дэлгүүрээс гарахад	дарга жолоочтой ярьж байсан.

6.2.5

Би тантай хамгийн сүүлд уулзсанаас хойш олон жил өнгөрчээ.
Бид Монголд ирснээсээ хойш түүнтэй уулзаагүй.
Тэр хоёр танилцсанаас хойш нэг жил болоогүй байхдаа гэрлэсэн.
Миний эгч их сургууль төгссөнөөс хойш багш хийж эхэлсэн.

6.2.6

Би үүний тухай сайн бодсоныхоо дараа чамд тайлбарлаж өгье.
Манай хичээлийн жил дууссаны дараа оюутнууд хөдөө явдаг.
Би өглөө боссоныхоо дараа биеийн тамир хийдэг.
Би хичээл тарсны дараа шууд тантай уулзана.

6.2.7

Би Монголд явахын (явахаас) өмнө түүнтэй холбоо барина.
Бид Хятадад ирэхийн (ирэхээс) өмнө хятад хэл мэддэггүй байсан.
Би орой унтахын (унтахаас) өмнө шүдээ сайн угаадаг.
Би энэ тухай чамд сайн хэлж өгөхийн (өгөхөөс) өмнө эхлээд жаахан бодъё.

6.2.8

Чи хар цайнд дуртай юм уу, эсвэл сүүтэй цайнд дуртай юм уу?
Та галт тэргээр ирэх юм уу, эсвэл нисэх онгоцоор ирэх юм уу?
Бид хоёр гар утсаар ярих юм уу, эсвэл и-мэйлээр харьцах юм уу?

6.3 会话(Яриа)

6.3.1

- Чи Баттай хэзээ танилцсан бэ?
- Би МУИС-д суралцаж байхдаа түүнтэй танилцсан.

第6课 ЗУРГАДУГААР ХИЧЭЭЛ

- Чамайг МУИС-д суралцаж байхад Бат юу хийж байсан бэ?
- Ямар нэгэн компанид ажиллаж байсан байхаа.
- Орчуулагчийн ажилтай юм уу, эсвэл зүгээр ажилтан юм уу?
- Орчуулагчийн ажилтай байхаа. Намайг Монголд байхад тэр хүн заримдаа надаас хятад хэлний тухай асуудаг байсан.
- Одоо Бат юу хийж байгааг мэдэх үү?
- Монголоос Хятадад суугаа Элчин сайдын Яаманд ажиллаж байгаа.
- Өө, тийм үү? Түүнтэй уулзсан уу?
- Түүнийг Бээжинд байхад бид нэг уулзсан. Одоо тэр хүн амрахаар Монгол руу явсан.
- Би Монголоос ирсний дараа Баттай холбоо бариагүй. Ирэхээс өмнө түүнтэй уулзмаар байсан боловч уулзсангүй. Бат бас над руу мессеж юм уу, и-мэйл юм уу, юу ч бичээгүй, таг чимээгүй болсон. Чамд түүний гар утасны дугаар байна уу?
- Байлгүй яахав, 13911008264. Батыг Монголоос ирсний дараа түүн рүү утасдаарай.

6.3.2

- Би хоёр хүний өрөө захиалсан.
- Таны нэр хэн бэ?
- Сүрэн.
- Сүрэн гуай, за, би одоохон үзээдэхье. Байна, байна. Таны өрөө 2 давхарт 201.
- Цонхтой юу?
- Цонхгүй. Та цонхтой өрөө захиалах уу, цонхгүй өрөө захиалах уу?
- Мэдэхгүй ээ. Цонхгүй ч яахав, зүгээр. Дотроо хөргөгчтэй юү?
- Байгаа. Та хэд хонох вэ?
- Урьдаар хоёр хонох санаатай. Үүнээс хойш хөдөө явна. Ачаагаа энд үлдээгээд явж болох уу?
- Мөнгөө төлсөн учир болно. Энэ таны түлхүүр. Та гарч орохдоо түлхүүрээ үлдээгээрэй.
- Энэ үнэд чинь өглөөний цай орж байна уу?
- Өглөөний цай орно. Гэхдээ өглөө 8 цагаас хойш цайнд орно шүү.
- За, мэдлээ, баярлалаа.

6.4 课文（Унших сэдэв）

БЭЭЖИНД ТАВТАЙ МОРИЛНО УУ

Бээжин хот Хятад улсын Хуабэй талын хойд хэсэгт, далайн түвшнээс дээш 43.5 метр өндөр газар оршдог, БНХАУ-ын нийслэл юм. Бээжин бол БНХАУ-ын улс төр, эдийн засаг, соёл, боловсрол, шинжлэх ухааны төв хот, одоо 20 сая гаруй хүн амтай. Бээжин бас эртний хот мөн, 3000 гаруй жилийн хотын түүх, 850 гаруй жилийн нийслэлийн түүхтэй. Дээр үед тус хотыг Жи, Янь, Южоу, Даду, Бэйпин гэх мэт олон янзаар нэрлэж байжээ. Мин улсын үед Бээжин гэж нэрлэж эхэлсэн, харин олон удаа нэр нь өөрчлөгдөж байв. 1420 онд барьж эхэлсэн, 720 мянган квадрат метр талбайтай, дэлхийд хамгийн том, бүрэн үлдсэн Хааны ордон Бээжингийн төвд бий. Үүнээс гадна Ихэюань цэцэрлэгт хүрээлэн, Тэнгэрийн сүм, Түмэн газрын Цагаан хэрэм зэрэг нийт 7300 гаруй эртний дурсгалт соёлын газрууд байдаг.

Бээжин хотын олон нийтийн зам тээвэр их хөгжсөөр байгаа юм. Метро нь Бээжин хотын хамгийн шуурхай тээврийн хэрэгсэл мөн. Нийтийн автобусны шугам хотын арав гаруй дүүргийг бүрэн холбосон, хамгийн хямд тохиромжтой тээврийн хэрэгсэл болов.

2008 оны зуны Олимпийн наадам амжилттай болж, Бээжин хот шинэ нүүр царайгаа олон түмэнд үзүүлсэн билээ. Шинээр барихад ч, хуучныг засварлахад ч улсаас их хөрөнгө зарцуулдаг. Өндөр өндөр байшин барилга, энд тэндгүй сүндэрлэн босч байна.

Мянга сонссоноос нэг удаа үз гэдэг үг бий. Бээжинд тавтай морилж биеэрээ сонирхоно уу?

6.5 生词（Шинэ үгс）

дунд сургууль	（名）中学	захиалах	（动）订阅
дайлах	（动）宴请,款待	урьдаар	（副）首先
нисэх онгоц	（名）飞机	нийслэл	（名）首都
ажилтан	（名）职员	улс төр	（名）政治
холбоо(н)	（名）联系,关系	эдийн засаг	（名）经济
мессеж	（名）短信	соёл	（名）文化
и-мэйл	（名）电子邮件	боловсрол	（名）教育

第6课 ЗУРГАДУГААР ХИЧЭЭЛ

шинжлэх ухаан	（名）科学	унтах	（动）睡觉
төв	（名）中心，中央	угаах	（动）洗
гаруй	（形）……有余，多于……	шүд (н)	（名）牙齿
		жаахан	（副）稍微，短暂地
өөрчлөгдөх	（动）改变，变化	бодох	（动）思考，想
квадрат метр	（词组）平方米	хар	（形）黑的，粗重的，素的，狠毒的
талбай	（名）广场，场地，面积		
		хар цай	（词组）红茶
бүрэн	（形）全的，完整的	байхаа	（动）大概，可能
үлдэх	（动）留下	зүгээр	（形）还好的，挺不错的
цэцэрлэгт хүрээлэн	（词组）公园	эсвэл	（连）或者，不然就
дурсгалт	（形）纪念性的	ажилтан	（名）职员，工作者，工作人员
шуурхай	（形）快捷的	тухай	（后）关于，有关
тохиромжтой	（形）合适的	элчин сайд	（词组）大使
Олимпийн наадам	（词组）奥林匹克运动会	яам (н)	（名）部
		таг	（副）杳无音讯，完全地，全然地
хөрөнгө	（名）资产，资金		
зарцуулах	（动）花费，消费	чимээ	（名）消息，音信，声音
сүндэрлэх	（动）耸立	гар утас	（名）手机
хэр	（副）如何，到何程度	утасдах	（动）打电话
Бээжин	（名）北京	дугаар	（名）号码，次序，期，第……
Пүрэв	（人名）普列布	давхар	（名·形）层，重叠的，多重的
дайралдах	（动）遇到，碰见	хөргөгч	（名）冰箱
танайд	（代）在你们那里	санаа (н)	（名）思想，想法，心思
Эрдэнэцэцэг	（人名）额尔德尼琪琪格	ачаа (н)	（名）行李
		тээш	（名）行李
их дэлгүүр	（词组）大百货商店	үлдээх	（动）留下，落下
		төлөх	（动）付费，缴付
хамгийн	（形）最……的	түлхүүр	（名）钥匙，关键
сүүлд	（副）最后，末了	гэхдээ	（副）但是，然而
өнгөрөх	（动）经过，通过	тавтай	（形）惬意的，舒适的
хойш	（副·后）以后，往后	Хуабэй	（名）华北
гэрлэх	（动）成家，结婚	нэрлэх	（动）命名，称谓
шууд	（副）直接	засварлах	（动）修缮，维修
холбоо барих	（词组）建立联系	сонирхох	（动）感兴趣，欣赏
мэдэх	（动）知道，了解		

55

6.6 练习（Дасгал）

6.6.1 填适当的后缀。

1. Би долоо хоног _____ өмнө хөдөө _____ Бээжин хот _____ ир _____.
2. Миний суу _____ галт тэрэг өглөө 9 цаг _____ 10 минут өнгөрч байхад галт тэрэгний буудал _____ хүр _____.
3. Миний дүү галт тэрэгний буудал дээр намайг хүлээ _____ бай _____.
4. Би дүү _____ уулз _____ таксины буудал дээр оч _____.
5. Дүү бид хоёр такси _____ суу _____ зочид буудал руу яв _____.
6. Би "Миньзү" зочид буудал _____ буу _____, дүү минь сургууль руугаа яв _____.
7. Миний дүү Бээжингийн Их Сургуулийн монгол хэлний анги _____ суралц _____.
8. Би дүү _____ хамт хот _____ яв _____ олон юм үз _____.
9. Тяньаньмэний талбай хот _____ төв _____ орш _____.
10. Талбай _____ зүүн тал _____ Хятадын Үндэс _____ музей бай _____.
11. Мин улсын хаадын бунхнууд Бээжин хот _____ баруун хойт тал _____ бий.
12. Сүүлийн жилүүд _____ орон сууцны барилга _____ олноор баригд _____ байна.

6.6.2 蒙译汉，注意句中形动词将来时给在格的用法。

1. Би өчигдөр гуанзанд очихдоо шуудангаар орсон.
2. Би өнөөдөр сургуулиас харихдаа нэг ном авсан.
3. Би сая дэлгүүрээс харихдаа хэдэн захиа явуулсан.
4. Намайг гуанзанд очиход Дулмаа тэнд сууж байсан.
5. Та нарыг сургуулиас явахад тэр хүн надтай ярьж байсан.
6. Хоёулаа пиво ууж байхдаа ярилцья.
7. За, хоёулаа тийшээ явж байхдаа энийг ярья.

6.6.3 选择正确的答案填空。

1. Би залуу _____ англи хэл сурсан юм.
   а. байхад   б. байхдаа
2. Батбаяр оюутан _____ эхнэртэйгээ танилцсан.
   а. байхад   б. байхдаа

3. Намайг өглөө _____ аль хэдийн 9 цаг болсон байв.
   a. босохдоо   б. босоход
4. Цэрмаа одон бөмбөг _____ тааруухан.
   a. тоглохдоо   б. тоглоход
5. Би англи хэлээр _____ сайн.
   a. ярихад   б. ярихдаа
6. Намайг ангид орж _____ оюутнууд ирчихсэн байв.
   a. ирэхдээ   б. ирэхэд

6.6.4 汉译蒙。

1. 中国有13亿人口，居世界之首。印度有12亿人口，居世界第二。
2. 20世纪九十年代乌兰巴托有50万人，近几年来已经有180多万人了。
3. 南京是个古老的城市，历史上，吴、东晋、宋、齐、梁、陈等六朝分别在南京建都。
4. 南京是六朝古都。
5. 近几年来，大量出版了计算机方面的书籍。
6. 未来五年内，我国将在贫困地区投资兴建大批学校。
7. 解放以前，很多人都不识字。
8. 巴特5岁的时候从乡下搬到乌兰巴托，从那以后他一直住在那里。
9. 苏伦上大学的时候认识了女朋友。毕业以后他们结婚了。
10. 我睡觉的时候，爷爷奶奶出去了。
11. 图雅一直想做一名教师，可是大学毕业以后她成了一名公司职员。
12. 早上起来之后和晚上睡觉之前都要认真刷牙。
13. 爸爸妈妈上班之后咱们再玩吧。
14. 哥哥不在的时候，我很害怕。
15. 蔡元培任北大校长的时候，制定了很多有益于学校发展的政策。
16. 咱们边喝边聊吧！

6.6.5 仿照下面的例子回答问题。

Үлгэр: Тэр хүн Улаанбаатарт байхдаа монгол кино үздэг байсан уу?
          Тэр хүн Улаанбаатарт байхдаа монгол кино үздэг байсан.
          Тэр хүн Улаанбаатарт байхдаа монгол кино үздэггүй байсан.

1. Та их дэлгүүрт очихдоо чихэр авдаг байсан уу?
2. Та найзындаа очихдоо киноны тухай ярьдаг байсан уу?
3. Та нар театрт очихдоо театрын үүдэнд уулздаг байсан уу?
4. Батын аав хөдөө явахдаа хүүдээ шинэ дээл захиалдаг байсан уу?
5. Та монгол ном уншихдаа толь үздэг байсан уу?
6. Чи дэлгүүрээс талх авахдаа бас тамхи авдаг байсан уу?

6.6.6 仿照下面的例子回答问题。

Үлгэр: Та хоёрыг дэлгүүрт орохoд шинэ гар утас гарч байсан уу?

Бид хоёрыг дэлгүүрт орохoд шинэ гар утас гарч байсан.

Бид хоёрыг дэлгүүрт орохoд шинэ гар утас гараагүй байсан.

1. Чамайг Монголд ирэхэд Антони гадаад оюутны байранд сууж байсан уу?
2. Чамайг МУИС-д орохoд арабын оюутан байсан уу?
3. Таныг хүнсний зах дээр очиход шинэ айраг зарж байсан уу?
4. Чамайг БИС-д ирэхэд энэ байранд монгол оюутан сууж байсан уу?
5. Сүхийг гуанзанд орохoд тэд хоол идэж байсан уу?
6. Чамайг утсаар ярихад оройн 8 цаг болж байсан уу?
7. Чамайг гэртээ харихад тэр дэлгүүр хаалттай байсан уу?
8. Өчигдөр намайг утасдахад чи унтаж байсан уу?
9. Бидниийг энд ярьж байхад тэр хоёр өрөөндөө байсан уу?
10. Намайг өчигдөр орой кинонд явахад манай байранд хүн байсан уу?

6.6.7 仿照下面的例子做替换练习。

Үлгэр: Би гэрийн даалгавраа хийнэ. Дараа нь жүжиг үзнэ.

Би гэрийн даалгавраа хийсний дараа жүжиг үзнэ.

1. Би энэ сониныг уншина. Дараа нь талханд явна.
2. Би энэ хөгжмийг сонсоно. Дараа нь гуанзанд орно.
3. Би тэр сэдвийг уншъя. Дараа нь мэдэхгүй үгээ толиноос харъя.
4. Би хоолоо хийнэ. Дараа нь компьютероор кино үзье.
5. Бид энэ жил монгол хэлийг сайн үзнэ. Дараа нь ирэх жил япон хэлийг үзнэ.
6. Тэр оюутан шинэ үгээ тогтоож байгаа. Дараа нь биеийн тамир хийнэ.
7. Миний ээж хоол хийж байна. Дараа нь зурагт үзнэ.
8. Би шуудангаас марк дугтуй авмаар байна. Дараа нь гэр лүүгээ захиа явуулна.

6.6.8 仿照下面的例子做替换练习。

Үлгэр: Би кинонд явна. Түүнээс өмнө (эхлээд) даалгавраа хийнэ.

Би кинонд явахаас өмнө даалгавраа хийнэ.

1. Хоёулаа концерт үзье. Түүнээс өмнө гуанзанд орох уу?
2. Би гэр лүүгээ захиа явуулна. Эхлээд шуудангаас марк, дугтуй авах ёстой.
3. Уртын дууны концерт үзээрэй. Түүнээс өмнө морин хуурын аялгуу сонсоорой.
4. Бид ирэх жил үгсийн сан сурна. Эхлээд энэ жил хэлзүй сурч байна.
5. Бид кинонд явах санаатай. Эхлээд зарлалыг нь үзье.
6. Бат найзтайгаа музей үзсэн. Түүнээс өмнө манайд очиж надтай ярилцсан.
7. Миний дүү зурагтаар кино үзнэ. Эхлээд гэрийнхээ даалгаврыг сайн хийнэ.

8. Бид монгол бичгийн хэл сурна. Түүнээс өмнө монгол ярианы хэл сурна.

6.6.9 参照课文内容，回答下列问题。

1. Бээжин хот хаана оршдог вэ?
2. Бээжин нь ямар хот, хичнээн хүн амтай вэ?
3. Яагаад Бээжин хотыг "эртний хот" гэж хэлдэг вэ?
4. Бээжин хот ямар ямар нэртэй байсан бэ?
5. Та мэдэж байгаа Хааны ордон музейн тухай яриач.
6. Бээжинд ямар ямар түүх соёлын дурсгалт газрууд байна вэ?
7. Бээжингийн олон нийтийн зам тээвэр ямар байна? Тодорхой хэлээч.
8. 2008 онд Бээжин хотод ямар том хэрэг болсон бэ? Өнөөгийн Бээжин ямар байна вэ?

6.6.10 口语练习。

1. Зочид буудлын өрөө захиалах тухай ярилц.
2. Дунд сургуульд байсан үеийнхээ чиний сонирхолтой тохиолдлын тухай ярилц.

第 7 课

ДОЛДУГААР ХИЧЭЭЛ

```
7.1 语法
    7.1.1 及物动词与不及物动词
    7.1.2 动词的态 I
7.2 句型
7.3 会话
7.4 课文
7.5 生词
7.6 练习
```

7.1 语法（Хэлзүй）

7.1.1 及物动词与不及物动词（Тусах ба эс тусах үйл үг）

蒙古语中像 унших, бичих, идэх, харах, тарих 等动词要求有直接宾语（有宾格后缀的词，或虽无宾格后缀，但实际上是处于宾格地位的词），这类动词被称为及物动词。

例如：

Би тэр номыг уншив. 我读了那本书。

Та нар гараа өргө. 你们举起手来。

Та цай уухгүй юу? 您不喝茶吗？

另外，像 явах, унтах, харагдах, ургах 等动词不要求有直接宾语，需要时可以有间接宾语，这类动词被称为不及物动词。

例如：

Маргааш бид хот орно.

Ийм өвс манай нутагт ургадаг.

Энэ зураг тодхон харагдана.

知道动词是及物还是不及物，在实际语言中很重要。现再举几例：

хугарах　（东西自）断
хугалах　（把东西）弄断
биелэх　（愿望）实现
биелүүлэх　（使计划）实现
хөгжих　（工业）发展
хөгжүүлэх　发展（工业）

7.1.2 动词的态 I（Үйл үгийн хэв I）

表示行为与主体之间关系的一种动词形式称为动词的态。蒙古语动词共有六种态：主动态、使动态、被动态、共动态、互动态和众动态。应该注意的是，并不是所有的动词都有使动态、被动态、共动态、互动态和众动态的变化，需要在学习中不断积累和总结。

1. 主动态（Өөрөө үйлдэх хэв）

动作是由主体本身发出或实现的，称为主动态，它没有专门的后缀。如：

Нар мандлаа.　太阳升起来了。
Одоо би явлаа.　现在我走了。
Нисэх онгоц нисч өнгөрөв.　飞机飞过。
Төлөвлөгөө амжилттай биелж байна.　计划顺利完成。

2. 使动态（Бусдаар үйлдүүлэх хэв）

动作由一个主体（使动者）发出，通过另一主体（动作执行者）实现的，叫使动态。使动态的后缀有四类，一个动词变使动态时，根据习惯使用其中一类后缀。

1）-уул, -үүл

按元音的阴阳性分别加在以短元音和辅音结尾的动词上。

ир+үүл-ирүүл　让来；寄来
яв+уул-явуул　让走；派；进行
унш+уул-уншуул　让读
үз+үүл-үзүүл　让看；展示
шалга+уул-шалгуул　让考；让检查

2）-лга, -лгэ, -лго, -лгө

按元音和谐律分别加在以长元音和复合元音结尾的动词上。

суу+лга-суулга　使坐
хий+лгэ-хийлгэ　使做
зөө+лгө-зөөлгө　让搬
зохио+лго-зохиолго　让制订；让写

3）-га, -гэ, -го, -гө

按元音和谐律分别加在以р, л, с, т结尾的某些动词上。

гар+га-гарга　　使出来；拿出
ол+го-олго　　使得到；给予
өс+гө-өсгө　　使生长
хүр+гэ-хүргэ　　使到达；送；致
батат+га-бататга　　使巩固

4) -аа, -ээ, -оо, -өө
按元音和谐律分别加在以辅音和短元音结尾的词上。

хөгж+өө-хөгжөө　　让欢乐
зогс+оо-зогсоо　　使停止，制止
хат+аа-хатаа　　使干燥，弄干
сэр+ээ-сэрээ　　使醒，叫醒

※ 由不及物动词和及物动词构成的使动态动词在句中作谓语时，句子的结构是不同的。举例说明：

А. 由不及物动词构成的使动态动词要求动作的执行者为直接宾语。如：

Ах нь <u>дүүгээ</u> бага сургуульд явуулав.　　哥哥让弟弟去小学了。
　　　（яв-的执行者）

Ээж <u>хүүгээ</u> унтуулав.　　妈妈让儿子睡了。
　　　（унт-的执行者）

Манаач гуай <u>биднийг</u> байранд оруулав.　　看门的大叔让我们进了宿舍。
　　　（ор-的执行者）

Б. 由及物动词构成的使动态动词通常要求动作执行者为间接宾语。例如：

Та энэ ажлыг <u>Батаар</u> хийлгээрэй.　　您让巴特做这项工作吧。
　　　（хий-的执行者）

Бид <u>багшаар</u> сонин юм яриулав.　　我们让老师讲了有趣的事。
　　　（ярь-的执行者）

Ээж <u>надаар</u> захиа бичүүлэв.　　妈妈让我写了封信。
　　　（бич-的执行者）

有时，不及物动词可以连加两个不同的使动态后缀。试比较下列三个句子：

Гэрэл унтрав.　　灯灭了。
Би гэрэл унтраав.　　我关了灯。

Аав надаар гэрэл унтраалгав。 爸爸让我把灯关了。

第三句中 надаар 是 унтраа- 的执行者，而 гэрэл 是 унтар 的执行者。

另外，值得提醒的是，蒙古语中有些及物动词构成的使动态动词在句中要求动作执行者为给在格。如：

Багш бидэнд нэг сайхан зураг харуулсан.
老师让我们看了一幅漂亮的画。(хар- 的执行者)

Дарга сайн ажилласан хүмүүст мөнгөн шагнал гардууллаа.
首长给工作出色的人员颁发了奖金。(гард- 的执行者)

Би багадаа их дүрсгүй, аавдаа загнуулдаг байсан.
我小时候很淘气，常让爸爸生气。(загна- 的执行者)

注意：

动作执行者还可以用第四格。这时由及物动词演变的使动态动词有双宾语。此时，使动态动词带有强制性意味。如：

Ээж намайг хоол идүүлээгүй。 妈妈没让我吃饭。

Ээж намайг архи уулгадаггүй。 妈妈不让我喝酒。

7.2 句型（Загвар）

7.2.1 ХЭН ХЭНИЙГ ЮУНД

Бат	эхийгээ эмнэлэгт	хэвтүүллээ.
Нэг хүн	биднийг байранд	оруулсан.
Ээж	намайг дэлгүүрт	явууллаа.
Декан	тэр хүнийг сургууль руу	очуулсан.
Дорж	хүүгээ архинд	явуулсан.
Би	Сүрэнг маханд	явууллаа.

7.2.2 ХЭН ХЭНД ЮУГ

Би	дүүдээ	сүү	уулгасан.
Багш	бидэнд	кирилл үсэг	таниулсан.

7.2.3 ХЭН ХЭНЭЭР ЮУГ

Би	эмчээр	жор бичүүлсэн.
Оюутнууд	багшаар	хичээл заалгаж байна.
Би	хүнээр	хашаагаа цэвэрлүүлсэн.
Багш	оюутнаар	самбар арчуулав.
Бид	багшаар	даалгавраа шалгуулав.
Бат	хүнээр	аавынхаа дугуйг засуулжээ.
Дүү	эгчээр	ус авчруулсан.

7.2.4 ХЭН ЮУГ

Би	номоо	уншиж дуусгаагүй.
Та нар	ашиглахгүй гэрлээ	унтрааж байгаарай.
Ээж	зуухан дээр сүүтэй цай	халаав.
Та	намайг	яг 6 цагт сэрээгээч.
Дүү	хувцсаа гадаа гаргаж	наранд хатаалаа.

7.2.5 Асуулт: Хэн хэнд хэнээр юу явуулсан бэ?
Хариулт:

Бат	ээждээ	нэг өндөр хүнээр	илгээмж	
Би	Дамба гуайд	нэг оюутнаар	мөнгө	явуулсан.
Бид	багшид	ангийн даргаар	ном	

7.2.6 Асуулт: Хэн хэнээр юу хийлгэсэн бэ?
Хариулт:

Өвөө		захиа бичүүлсэн.
Ээж	надаар	түлхүүр хайлгалаа.
Дорж		зураг авахуулсан.

第7课 ДОЛДУГААР ХИЧЭЭЛ

7.2.7 Хүсэлт:

Би	хувцсаа	өлгүүлье.
	сахлаа	хусуулъя.
	үсээ	засуулъя.
	үсээ	тослуулъя.
	үсээ	тайруулъя.

7.2.8 Асуулт: Хэн хэнийг ялгасан бэ?
Хариулт:

Би	дүүгээ	гаргасан.
	ахаа	ирүүлсэн.
	хүүгээ	босгосон.
	охиноо	айлгасан.
	даргыг	саатуулсан.

7.2.9 Асуулт:

Та	хэнээр	зургаа авахуулсан бэ?
		тасалбар бичүүлсэн бэ?
		малгай хийлгэсэн бэ?

Хариулт:

Би	зурагчнаар	зургаа авахуулсан.
	худалдагчаар	тасалбар бичүүлсэн.
	эхнэрээрээ	малгай хийлгэсэн.

7.3 会话 (Яриа)

7.3.1

- Эмч ээ, орж болох уу?
- Ор, ор... За, юу өвдөж байна?
- Би энд ирээд удаан ханиалгасан. Одоо орой бүр халуурч толгой байнга өвдөөд байна.
- Халуунаа үзэж байсан уу? Халуун хэд хүрч байсан бэ?
- Халуунаа нэг удаа л үзсэн. 39 байсан.
- Хоол нойрондоо ямар байна?
- Хоолонд дургүй, шөнө ханиалгаад муу унтаж байна.
- За, цээжийг чинь чагная. Хувцсаа сөх дөө. Уртаар амьсгал. Амаа сайн ангай, хэлээ гарга. Хоолой чинь өвддөг үү?
- Тийм ээ.
- Хүйтэн юм ууж болохгүй.
- Юм залгихад бас өвдөөд байгаа.
- За, одоо чамд эм бичиж өгье. Энэ жороор эмийн сангаас эм авч уугаарай.
- Өдөрт хэдэн удаа уух вэ?
- Өдөрт гурван удаа уу, харин энэ эмийг хоолны дараа өглөө, орой уу, тэгээд дахин ирж үзүүлэх шаардлагатай.
- Тариа хийлгэх хэрэгтэй юү?
- Одоо хэрэггүй, эм уугаад үз.

7.3.2

- Эмч ээ, миний шүд өвдөж байгаа.
- За, би үзье. Амаа ангай, энэ шүд өвдөж байна уу?
- Аан.
- Бас энэ шүд?
- Аан.
- За, болно. Таны хоёр шүд өвчтэй байна. Нэгий нь авна, нөгөөгий нь бөглөнө. Та авахуулах уу?
- Авахуулья, авахуулья. Одоо авахуулах уу?
- Үгүй, одоохондоо болохгүй. Та эхлээд эм уугаарай, өвдөхгүй болохоор нь авахуул.
- За, тэгье.

7.3.3

- Эмч ээ, би яасан бэ?
- Нарийн шинжилгээ хийх хэрэгтэй. Санаа зовох хэрэггүй, шинжилгээний хариу гарахаар тодорхой болно.
- Та надад шинжилгээний бичиг түргэн хийж өгнө үү?
- За, та энэ картаа аваад маргааш өглөө өлөн ирж шээс, цусны шинжилгээ хийлгээрэй.
- За, шинжилгээ хаана хийлгэх вэ?
- 1-р давхарт "Лаборатори" гэсэн өрөө бий. Тэнд хийлгэнэ.
- Мэдлээ, танд баярлалаа.

7.4 课文 (Унших сэдэв)

ЭМНЭЛЭГ

БИС-ийн оюутан багш нар сургуулийн эмнэлэгт үзүүлэх хуваарьтай байдаг. Урьд өмнө тус эмнэлэг манай сургуулийн хашааны дотор оршиж байсан бол одоо сургуулийн хашаанаас зүүн хойно байрладаг болжээ. Тус шинэ эмнэлэгт төрөл бүрийн мэргэжлийн эмч байхаас гадна өвчтөнийг хэвтүүлэн эмчлэх олон тасаг бий. Яаралтай үзүүлэх гэвэл түргэн тусламж дуудаж болно. Эндэхийн чих, хамар, хоолой, нүд, мэдрэл, мэс засал, дотор, эмэгтэйчүүд, гэмтэл, гэрлийн зэрэг тасаг нь 2, 3-р давхарт байдаг. Жил бүр багш оюутнууд энд ирж, эрүүл мэндийн үзлэг хийлгэдэг. Жишээ нь: цусны даралтаа хэмжүүлэх, нүдний хараагаа шалгуулах, шүдээ эмчлүүлэх, тариа хийлгэх, хагалгаа хийлгэх гэх зэргээр үйлчлүүлж болдог. Өвчтөн хүн эмчид үзүүлээд эм бичүүлж аваад 1-р давхарт байдаг эмийн сангаас жорын дагуу хуурай болон нунтаг, усан эм авч болно. Эмээ цаг тухайд нь уувал тустай. Тэнд бас халууны шил, тарианы хэрэгсэл, дусаагуур, жин, нүдний шил, тариа гэх мэт олон зүйл бий. Эмийн санч эмийг яаж хэрэглэхийг тодорхой зааж өгнө. Эм хэдий гашуун ч өвчинд ашигтай гэж хятадууд ярьдаг. Хүнд өвчин хүрлээ ч гэсэн эмээ сайн уугаад байвал түргэн эдгэрдэг шүү дээ. Мөн биеийн тамир сайн хийж байвал хүний бие эрүүл байх болно.

7.5 生词 (Шинэ үгс)

архи(н)	（名）白酒	нунтаг	（名）粉末
кирилл үсэг	（词组）西里尔文	халууны шил	（词组）温度计
цэвэрлэх	（动）清洁,打扫	дусаагуур	（名）滴注器
арчих	（动）擦	жин	（名）敷(冷或热)
авчрах	（动）拿来,带来	нүдний шил	（词组）眼镜
зуух(н)	（名）炉,灶	гашуун	（形）苦的
халаах	（动）加热	тустай	（形）有帮助的
хатах	（动）变干,枯萎	эдгэрэх	（动）痊愈
хайх	（动）寻找	лаборатори	（名）实验室
авахуулах	（动）让……拿,让……拍(照)	хэвтүүлэх	（动）使躺下
сахал	（名）胡须	оруулах	（动）使进入
хусах	（动）刮,铲	очуулах	（动）使去
тослох	（动）涂油,上油	уулгах	（动）使喝
тайрах	（动）割断,剪去	таниулах	（动）使认识,使了解
саатах	（动）耽搁,阻碍	бичүүлэх	（动）使写
тасалбар	（名）发票,票据	заалгах	（动）使教,使指给……看
нойр(н)	（名）睡眠	цэвэрлүүлэх	（动）使清洁
чагнах	（动）听	арчуулах	（动）使擦
сөхөх	（动）打开,揭开	шалгуулах	（动）使检查
шаардлага	（名）需要	засуулах	（动）使治疗,使修正
ангайх	（动）打开	авчруулах	（动）使带来
бөглөх	（动）堵住,封锁	дуусгах	（动）使结束
шинжилгээ(н)	（名）检验,化验	халаах	（动）使加热
зовох	（动）担忧,受折磨	сэрээх	（动）使警觉
шээс(н)	（名）尿液	хатаах	（动）晒干,晾干
хуваарь	（名）分配表	илгээмж	（名）邮寄物品
чих(н)	（名）耳朵	хайлгах	（动）使寻找
хоолой	（名）喉咙	авахуулах	（动）使拿,使取
мэдрэл	（名）神经,感觉	өлгүүлэх	（动）使悬挂
мэс засал	（词组）手术	тослуулах	（动）使涂油
гэмтэл	（名）损坏,损伤	хусуулах	（动）使刮
хагалгаа(н)	（名）开刀,手术	тайруулах	（动）使截去,使割断
хуурай	（形）干燥的	босгох	（动）使起,使站立

第7课　ДОЛДУГААР ХИЧЭЭЛ

айлгах	（动）使害怕,恐吓	карт	（名）卡,卡片
саатуулах	（动）使耽搁	цус(н)	（名）血,血液
малгай	（名）帽子	эмнэлэг	（名）医院
хийлгэх	（动）使做	урьд	（副）从前,以前
зурагчин	（名）摄影师	бөгөөд	（连）和,跟,还
эхнэр	（名）妻子,夫人	хойно	（名·副·后·连）以后,然后
байнга	（副）经常,常常	төрөл	（名）科,类,领域
муу	（形）坏的,差的	мэргэжил	（名）专业,技术
залгих	（动）吞,咽	эмэгтэйчүүд	（名）女人们,女性们
тариа хийлгэх	（词组）打针	өвчтөн	（名）病人
бас	（副）也,还,并且	эрүүл мэнд	（词组）健康
нөгөө	（代）另一个,别的,其他的,那个	хараа(н)	（名）视力
		үйлчлүүлэх	（动）使服务
нарийн	（形）细,细小的,窄的,精细的,精致的,吝啬的	хэрэглэх	（动）使用,应用
		тодорхой	（形）清楚的,具体的
		хүнд	（形）重的,严重的
түргэн	（形）快的,迅速的,匆忙的		

7.6 练习 (Дасгал)

7.6.1 把下列动词变为使动态。

нээ	үргэлжлэ	хий	суу	тойр	хүлээ	цэвэрлэ	хаа
чийрэгж	эргэ	эхэл	үлд	буу	уулз	унтар	ас
сонирх	онгой	урга	хэвт	эдгэр	зов	элс	танилц

7.6.2 填使动态后缀及其后面所需的其他后缀。

1. Та гэртээ захиа яв _____ уу?
2. Чулуун тэр хүнийг суу _____ .
3. Энэ багш надад монгол хэл сур _____ юм.
4. Би гэрлээ ас _____ ном уншлаа.
5. Цагдаа тэр автобусыг зогс _____ .
6. Би дүүтэйгээ хоёул тэр том ширээг өрөөндөө ор _____ .
7. Би чамайг гэрт чинь хүр _____ өгье.
8. Хичээл дээр багш надаар унш _____ .
9. Ээж надаар ахад захидал бич _____ .

10. Мал сүргээ өс _____.

7.6.3 选择正确的使动态动词填空。

1. Байшин _____.
   а. нурсан   б. нураасан

2. Цагдаа нар машиныг _____.
   а. зогссон   б. зогсоосон

3. Ээж гэрэл _____.
   а. унтарсан   б. унтраасан

4. Зурагт _____.
   а. ассан   б. асаасан

5. Би хоолоо _____.
   а. хөрсөн   б. хөргөсөн

6. Ундаа наранд _____.
   а. халсан   б. халаасан

7. Бат цаас _____.
   а. шатсан   б. шатаасан

8. Миний хүүхдүүд Орост дунд сургуулийг _____.
   а. төгссөн   б. төгсгөсөн

9. Багш хаалга _____.
   а. онгойсон   б. онгойлгосон

10. Би хүүхдүүдээ Германд _____.
    а. өсгөсөн   б. өссөн

11. Сурагчдаар сандал ширээ _____.
    а. зөөсөн   б. зөөлгөсөн

12. Ээж намайг өглөө 7 цагт _____.
    а. сэрсэн   б. сэрээсэн

13. Ээж намайг өглөө 7 цагт дүүгээр _____.
    а. сэрсэн   б. сэрээсэн   в. сэрээлгэсэн

14. Би дүүгээрээ цаас _____.
    а. шатаасан   б. шатаалгасан   в. шатсан

15. Багш Дулмаагаар хаалга _____.
    а. онгойлгосон б. онгойлгуулсан в. онгойсон

7.6.4 用下列词汇各造一个句子。

1. үзэх-үзүүлэх

2. эмчлэх-эмчлүүлэх

3. хэвтэх-хэвтүүлэх

4. шалгах-шалгуулах

5. хийх-хийлгэх

6. хэмжих-хэмжүүлэх

7. бичих-бичүүлэх

7.6.5 回答下列问题。

1. Таны юу өвдөж байна?
2. Та юуны эмчид үзүүлсэн бэ?
3. Эмээ хаанаас яаж авах вэ?
4. БИС-ийн эмнэлэгт юу юуны тасаг бий вэ?
5. Та юу юуны эмч байдгийг мэдэх вэ?
6. Ханиад хүрэхэд яадаг вэ?
7. Түргэн тусламж яаж дуудах вэ?
8. Энэ эмийг өдөрт хэдэн удаа, яаж уух вэ?
9. Таны хараа ямар вэ?
10. Таны шүд ямар вэ?

7.6.6 朗读句子并翻译成汉语，体会动词使动态的用法。

1. Би чамд монголд авсан зургуудаа үзүүлье.
2. Багш биднийг монгол хэлээр сайн сургаж байна.
3. Би цамцаа хатаалаа.
4. Миний гар өвдөөд хэцүү байна, хувцас өмсгөж өгөөч.
5. Нялх хүүхдийг их өлсгөж болохгүй.
6. Чи хаврын шалгалтандаа сайн бэлтгээч.
7. Би цүнхнээсээ ном дэвтэр, үзэг харандаагаа гаргасан.
8. Би эгчээр бээлий оёулав.
9. Ээж хүүгээ унтуулав.
10. Хүрэлээ номоо худалдагчаар худалдуулсан (зарууслан).
11. Дамбий гуай нүд муутай тул захиагаа надаар уншуулсан.
12. Би орж ирээд хувцсаа үйлчлэгчээр өлгүүлэв.
13. Чиний өрөөнд нэг гадаад хүн суулгаж болох уу?
14. Тэр хүнээ гадаа хүлээлгэж бай!
15. Эмч өвчтөнг сандалд суулгав.
16. Би дүүдээ эм уулгав.

17. Өнөөдөр дүүгээ хөдөө буцаах ёстой.

18. Би таныг их зовоосон байх аа, уучлаарай.

19. Монголчууд хуучин ёс заншлаа их сэргээж байна.

20. Пүрэв шог юм ярьж биднийг хөгжөөсөн юм.

7.6.7 朗读下面短文并记住有关人体器官的词汇。

Хүний эрхтэн

Хүний дотор эрхтэн бол их нарийн юм. Дотор эрхтэнд: уушиг, зүрх, элэг, цөс, нарийн гэдэс, бүдүүн гэдэс (олгой), бөөр, давсаг, сав ордог. Хүний бие, яс, мах, арьс, цуснаас бүтнэ. Манай дэлхийд цагаан, шар, хар гурван арьстан бий. Үндэстэн бүрийн арьсны төдийгүй нүд, үсний өнгө, өндөр нам нь ялгаатай байна. Жишээлбэл: нүд хар, хүрэн, цэнхэр, ногоон байхад, үсний өнгө хар, шар, хүрэн, цагаан байдаг.

7.6.8 朗读下列短文并讲述自己到校医院看病的经历。

Эмнэлэг дээр

Өглөө босоход миний толгой өвдөөд бие муу байлаа. Би найздаа хэлээд сургуулийн эмнэлэгт очив. Тэнд тариа хийлгэж байгаа, шүдээ үзүүлэх, чихээ үзүүлэх гэсэн нилээд оюутан байв. Би дотрын эмчид үзүүлье гэж дугаар авч орлоо. Эмч намайг үзээд ханиад хүрсэн байна гээд эм бичиж өгөв. Би мөн тэндэхийн эмийн санд жороо өгч, эмээ авсан. Маргааш нь миний бие зүгээр болж эдгэрсэн учраас хичээлдээ явсан.

7.6.9 汉译蒙。

1. 爸爸让我坐在他身边。
2. 巴特让苏伦转告我一下。
3. 当我从教室出来的时候,所有的灯都熄灭了。
4. 我让母亲给我做了一件漂亮的蒙古袍。
5. 老师让大家擦桌椅。
6. 领导让他们去了邮局。
7. 上车请刷卡。
8. 打开电脑,关上灯,我们看电视剧吧。
9. 进校门时一定要出示证件,否则不让进。
10. 早晨7点妈妈叫醒了弟弟。

第 8 课

НАЙМДУГААР ХИЧЭЭЛ

> 8.1 语法
>   8.1.1 动词的态 II
> 8.2 句型
> 8.3 会话
> 8.4 课文
> 8.5 生词
> 8.6 练习

8.1 语法(Хэлзүй)

8.1.1 动词的态 II(Үйл үгийн хэв II)

3. 被动态(Бусдад үйлдэгдэх хэв)

在一个句子中,主语不是动作的施行者,而是动作的承受者,这个句子中的谓语动词是被动态。

被动态的后缀有两类：

1) -гд

动词由主动态变为被动态时,绝大多数都用这个后缀。如：

тань+гд-танигд　被认识

март+гд-мартагд　被忘记

урь+гд-уригд　受邀请,应邀

барь+гд-баригд　被抓住,受约束

сөх+гд-сөхөгд　被揭开

2) -д, -т

此后缀只用在少数几个动词上。如：

сонс+д-сонсод　被听到,传来(声音)

дуул+д-дуулд　被听到,听得见

дийл+д-дийлд   被战胜，输
ав+т-авт   被控制

由主动态变为被动态后，动词就由及物动词变为不及物了。少数不及物动词也有加被动态后缀的，但没有被动含义。

Энэ чинь надад тун аятайхан санагдаж байна.   我感觉这个很好。
Уул тал цасаар хучигдав.   山和草原被雪覆盖了。
1949 оны аравдугаар сарын нэгний өдөр БНХАУ байгуулагдав.
1949年10月1日中华人民共和国成立了。

用被动态动词时要求动作的施行者变给在格。如：

Нэг хонь чононд идэгджээ.   一只羊被狼吃了。
Энэ ном танд сонирхолтой гэж санагдаж байна уу?   您觉得这本书有意思吗？

4. 共动态（Хамт үйлдэлцэх хэв）
后缀是-лц，表示两个或两个以上的主体共同完成该动作。如：

Бид энд монгол хэл суралцаж байна.   我们在这里学习蒙古语。
Та хоёртой жаахан ярилцья.   和你们两个说一会儿吧。
Лувсантай саяхан танилцсан юм.   刚刚认识了罗布桑。
Бие биедээ туслалцвал зохино.   应当互相帮助。

5. 互动态（Харилцан үйлдэлдэх хэв）
后缀是-лд，表示两个或两个以上的主体相互向对方发出动作。如：

Тэр хоёр их маргалдав.   他们两人争吵得很凶。
Өчигдөр хэнтэй дайралдав?   昨天遇到谁了？
Бид дайсантай ширүүн тулалдаж байлаа.   我们和敌人进行了激烈的战斗。
Гантөмөр япон бөхтэй хоёрхон минут барилдаад ялав.
冈帖木尔和日本摔跤手只摔了两分钟就获胜了。

6. 众动态（Олноор үйлдэцгээх хэв）
后缀是-цгаа，-цгээ，-цгоо，-цгөө，按元音和谐律分别加，表示众人共同完成一个动作。如：

Сайн байцгаана уу?   你们好？
Орцгоо, хурал эхэллээ.   （你们）进来吧，会议马上就要开始了。
Хурлын дараа хүмүүс зүг бүр тийшээ тарцгаалаа.   会后，人们朝着各个方向散去。

在句子中，行为主体是多数时，动词可用众动态，也可不用众动态。如：

Бид явцгаалаа.   我们走啦。
Бид явлаа.   我们走啦。

第8课 НАЙМДУГААР ХИЧЭЭЛ

8.2 句型（Загвар）

8.2.1 Асуулт:

Өнөөдрийн кино	чамд	
Өнөөдрийн лекц	та нарт	ямар санагдав?
Өнөөдрийн хичээл	танд	

Хариулт:

| Өчигдрийнхийг бодвол | их сонин байна. |
| | тийм сонин биш. |

8.2.2 Асуулт: Концертын тоглолтод хэн хэн уригдаж болох вэ?
Хариулт:

	сургуулийн захирал	
Тоглолтод	настай багш нар	уригдаж болно.
	нэгдүгээр ангийн оюутнууд	

8.2.3 Асуулт: Сайн ажиглавал ахмад багш ямар харагдав?
Хариулт:

	хиймортой	
Сайн ажиглавал ахмад багш	их ядарсан юм шиг	харагдлаа.
	залуу юм шиг	

8.2.4

Энэ жил манай хотод олон шинэ байшин баригдсан юм.

МУИС 1942 онд анх байгуулагджээ.

Галт тэрэгний цонхоор хонин сүрэг харагдлаа.

Цонх салхинд нээгдлээ.

Энэ машин Германд үйлдвэрлэгдэв.

Түүний яриа надад ойлгогдлоо.

Саяхан шинэ үзэсгэлэн нээгдлээ.
Сүүлийн жилүүдэд дэлхийн цаг агаар өөрчлөгдлөө.
Миний яриа бүх хүнд сонсогдсон юм.

8.2.5
Хурал дээр ямар ямар асуудал хэлэлцэх вэ?
Тэр хоёр хүн уулзахдаа гар барилцсан юм.
Аав өчигдөр манай ангийн багштай уулзаж ярилцсан.
Улсын аваргын тэмцээнд хэн хэн оролцоогүй вэ?

8.2.6 Асуулт: Хэн хэнтэй юу хийлцэж байна вэ?
Хариулт:

Болор	дүүтэйгээ	гэрийн даалгавар хийлцэж байна.
Ээж	охинтойгоо	үдийн хоол хийлцэж байна.
Эгч	дүүтэйгээ	тасалгаагаа цэвэрлэлцэж байна.

8.2.7
Сургуулийн гадаа хүүхдүүд гүйлдэж тоглоно.
Хоёр сайхан найз тэврэлдэн уулзлаа.
Хүүхдүүд хоорондоо бөмбөг булаалдав.

8.2.8
Хоёулаа байрныхаа мөнгө төлцгөөе.
Хоёулаа хиртэй хувцсаа угаацгаая.
Бүгдээрээ өнөөдөр үдийн хоолоо рестөранд идэцгээе.
Ээжийн гээсэн ээмгийг сайн хайцгаая.
Энэ асуудлын тухай сайн бодоцгооё.

8.2.9
Гараа угаацгаа.
Хоолоо халуун дээр нь идэцгээ.
Хичээлээ хурдан давтацгаа.
Орж ирээд гутлаа тайлцгаа.
Машинаа хашаанд оруулцгаа.

8.3 会话 (Яриа)

8.3.1

Үсчинд болсон яриа

- Сайн байна уу, та? Хүн ихтэй юү?
- Сайн, та сайн байна уу? Та үсээ засуулах уу?
- Тийм ээ, хувцасны өлгүүр хаана байна?
- Тэр буланд байгаа. Та тэнд хувцаа өлгүүлчих.
- За, цүнхээ яах вэ? Аваад орох уу?
- Тэг, тэг.
- Үс засуулах ямар үнэтэй вэ?
- Та яаж засуулах вэ?
- Зүгээр л жаахан багасгаж тайруулмаар байна.
- Та үсээ тослуулахгүй юү?
- Үгүй ээ, тослуулахгүй ээ.
- Тэгвэл 3000 төгрөг. Та 15-р үсчинд очоорой.
- Мөнгөө танд өгөх үү?
- Тэгнэ ээ, та эхлээд үсээ засуулчих. Дараа нь мөнгөө өгөөрэй.

8.3.2

Зурагчинд болсон яриа

Нараа:	Сараа, манай сургуулийн хашаанд түргэн зурагчин байна уу?
Сараа:	Байгаа, оюутны тавдугаар гуанзны өмнө талд байна.
Нараа:	Ашгүй дээ, би явлаа.
Нараа:	Сайн байна уу, зурагчин гуай аа, би зураг яаралтай авахуулах гэсэн юм.
Зурагчин:	Та ямар зураг авахуулах вэ?
Нараа:	Паспортынх, ямар үнэтэй вэ?
Зурагчин:	9 зураг, 1000 төгрөг.
Нараа:	За. Одоо авахуулья.
Зурагчин:	За, та ингэж суугаад над руу хараарай.
Нараа:	За, тэгье.
Зурагчин:	Анхаараарай, дарлаа шүү. Өө, байз, нүд чинь үст халхлагдаж.
Нараа:	Аа, тийм үү, за, одоо зүгээр үү?

Зурагчин:	Аан, за, одоо боллоо. Дарлаа.
Нараа:	Зургаа хэдийд авах вэ?
Зурагчин:	Та энд жаахан хүлээгээрэй, одоохон гарна.
Нараа:	Пөөх, ямар түргэн юм бэ?

8.4 课文 (Унших сэдэв)

ҮЙЛЧИЛГЭЭНИЙ ГАЗРУУД

Үйлчилгээний газруудад үсчин, зурагчин, гар утас засвар, гутал засвар, хими цэвэрлэгээ, цагчин, нүдний шил захиалга зэрэг хүний өдөр тутмын хэрэгцээг хангах газруудорно. Энэ бүгд хүний сайн сайхан амьдралд тус болдог. Жишээлбэл, та үсчинд очиж үсээ сайхан засуулбал, олны дунд аятайхан харагдах болно. Зарим үед цаг тань эвдэрвэл, ажилдаа очих, хичээлдээ явах, хүнтэй уулзах гэх мэт маш олон юманд саад учирна. Тийм үед цагчин таны цагийг засаж өгдөг. Мөн паспортын болон том бага зураг хэрэгтэй болох, найз нөхөдтэйгөө хамт дурсгал болгож, зураг авахуулахад зурагчин хүн тус хүргэдэг. Ер нь үйлчилгээний газрын улс хүнд байнга тус хүргэж байдаг билээ.

Манай сургуулийн төв хэсэгт үйлчилгээний төв олон бий. Тэдгээрээс нэгий нь та нарт танилцуулья. "Бөөши" гэдэг төв "И-юань"-ийн зүүн хойно бий. Тэнд гар утас засвар, гэрэл зургийн студи, үсчин, зурагчин, гутал засвар, хими цэвэрлэгээ гэх мэт олон төрлийн үйлчилгээний газар байдаг.

Шинэ семестр эхлээд хоёр сар боллоо. Манай ангийн Бат үс засуулмаар болжээ. Хэд хоногийн өмнө бас гар утсаа эвдчихсэн учир гар утсаа ч гэсэн засуулья гэж бодоод үйлчилгээний төв рүү явлаа. Бат бас нүдний шилний газраар орж дэгжин нүдний шил захиалья гэж нэлээд мөнгө авч гарлаа.

Үсчингээр орвол үсчингүүд үс засаж, сахал хусаж, үс будаж байх бөгөөд хайчаар хайчилж, самаар самнаж, цахилгаан машинаар машиндаж, үсний тос, үнэртэй ус түрхэж харагдана. Бат үсээ засуулж тослуулаад, гар утас засварын газарт очлоо. Гар утас засварын газарт ч гэсэн оюутнууд янз бүрийн брэндийн гар утсыг засуулж байна. Бат ухаалаг гар утсаа засуулаад интернэтэд орж чадах боллоо. Дараа нь улаан өнгөтэй нүдний шил захиалж урьдчилгаа мөнгөө өгөөд, замдаа гэрэл зурагчнаар орж, зураг авахуулчихаад эргэж ирлээ. Энэ бүтэн сайн өдөр Бат их юм хийж амжив.

8.5 生词 (Шинэ үгс)

концерт	（名）音乐会	учрах	（动）遇到
тоглолт	（名）游戏,比赛,演出	зүрх(н)	（名）心脏
настай	（形）上了年纪的,有……岁数的	студи	（名）工作室
		эвдэх	（动）弄坏,破坏
ажиглах	（动）观察	мood	（名）时装样式
ахмад	（形）年长的,资格老的	будах	（动）染色,上色,涂颜料
хийморьтой	（形）有朝气的,意气风发的	хайчлах	（动）剪
		самнах	（动）梳
байгуулах	（动）组织,建立,创立	машиндах	（动）使用机器,开动机器
сүрэг	（名）畜群	үнэртэй ус	（词组）香水
үйлдвэрлэх	（动）生产	түрхэх	（动）涂,抹,镀
аваргын тэмцээн	（词组）锦标赛	брэнд	（名）商标,品牌
оролцох	（动）参加	ухаалаг	（形）聪明的,智慧的
тэврэх	（动）抱,拥抱	уригдах	（动）被邀请
булаах	（动）抢夺	баригдах	（动）被逮捕,被捉拿
хиртэй	（形）污秽的,脏的	байгуулагдах	（动）成立,建立
үд	（名）中午,晌午	харагдах	（动）被看见,可见
гээх	（动）丢弃,抛弃	нээгдэх	（动）被打开
ээмэг	（名）耳环	үйлдвэрлэгдэх	（动）被制造,被生产
тайлах	（动）解开,脱(衣)	ойлгогдох	（动）被理解
үнэтэй	（形）有……价的,有价值的,贵的	сонсогдох	（动）被听到,听说
		хэлэлцэх	（动）交谈,会谈
төгрөг	（名）图格里克(蒙古国货币单位)	гар барилцах	（词组）握手
		ярилцах	（动）交谈
дарах	（动）压	аварга	（名）冠军
хими цэвэрлэгээ	（词组）干洗	тэмцээн	（名）比赛,竞赛
цагчин	（名）钟表匠	хийлцэх	（动）共同做
захиалга	（名）订做,订购	цэвэрлэлцэх	（动）共同清扫,共同打扫
тутам	（后）每,每个	гүйлдэх	（动）一同跑,对着跑
хэрэгцээ(н)	（名）需求,用处	тэврэлдэх	（动）互相拥抱,互相搂抱
хангах	（动）满足,供应	бөмбөг(н)	（名）球
үсчин	（名）理发师,理发店	хурдан	（形）快的,快速的
эвдрэх	（动）损坏,出故障	өлгүүр	（名）挂钩,衣服架

багасгах	（动）使……变小，使……变少	дурсгал	（名）纪念，纪念品
		дурсгал болгох	（词组）留作纪念
паспорт	（名）护照	семестр	（名）学期
анхаарах	（动）注意，小心	урьдчилгаа(н)	（名）预支，预付
байз	（动）等一下，且慢	эргэх	（动）看望，探视
хэдийд	（副）什么时候，几点		

8.6 练习 (Дасгал)

8.6.1 把下列句子译成汉语，并注意动词共动态、众动态、互动态和被动态的用法。

1. Энэ хуралд би ч оролцсон.
2. Тэд "Энэ зураг сайхан болжээ" гэлцэв.
3. Манай ангийнхан үзэсгэлэн үзэхээр явцгаасан.
4. Бат эхнэртэйгээ хоёул тэр том ширээг оруулав. Дүү нь бас тэр ширээг оруулалцлаа.
5. Манай тасгийнхан найзыгаа үдэж гаргахаар галт тэрэгний буудал дээр очицгоов. Бат бас очилцлоо.
6. Надад ийм ном олдсонгүй.
7. Дорж ажилдаа явах болж гэртээ үзэгдэхгүй байна.
8. Хүүхдийн нарийн дуу араас минь сонсогдлоо.
9. Хүмүүс явцгаав. Тэдний хөлийн чимээ нэгдүгээр давхрын шатан дээр сонсогдсоор тасрав.
10. Эцэг минь намайг зургаатай байхад дайсанд алагдав.
11. Тэр, хүмүүст сэтгэлийн нь дотор хүүтэй нь адил хамгийн ойрхон санагдах болжээ.
12. Бодох тутам л миний Баатар амьд байгаа юм шиг санагдаад, гудамжаар явахдаа харагдсан хүүхэд бүхнийг ажиглан явж билээ.
13. Замд дайралдсан хүн бүхнээс асуув.
14. Би юу хийхээ мэдэхгүй зөвхөн л энэ хүний сэтгэлийн зовлонг яавал хуваалцаж болох бол гэж бодож байлаа.
15. Хэдэн жил хамт байшин барьж, тэр хоёр зан зангаа мэдэлцсэн байна.

8.6.2 为括号内的动词加适当的态的后缀及其他必要的后缀，以完成句子。

1. Түүнээс хойш бид хоёр Дулмаагийнд хэд дахин очиж түүнтэй сайн (таних).
2. Чи (барих) хэрэг хийсэн юм гэж үү?
3. Хойноос минь "Дорж оо" гэж Дулмаагийн дуудах нь тод (сонсох) боловч эргэж харсангүй.

第8课 НАЙМДУГААР ХИЧЭЭЛ

4. Нөхөдтэйгөө зовлон жаргалаа (хуваах) байсан.
5. Тал тал тийшээ харахад бүх хотын байшин барилгууд нүдний өмнө цоо илхэн (үзэх).
6. Надад өөрийн байдлыг зөвтгөх үг (олох).
7. Хонх дуугарч хүүхдүүд ангидаа (орох).
8. Намрын нэг орой кино үзэх гэж гудамжаар явж байтал Сүрэнтэй (дайрах).
9. Сүүлдээ хуучин тогооч (солих) нэг залуу бидэнд хоол хийж өгдөг болов.
10. Надаар юу ч (хийх).
11. Тэр том дарга намайг дэргэдээ (суух).
12. Би тэр үгийг дуулаад түүн шиг сайхан хүн үгүй юм шиг (санах) байлаа.

8.6.3 在横线处填入适当的被动态后缀形式。

1. Төмөр зэвэнд ид _____.
2. Өвс цасанд дар _____ байна.
3. Аав ээж минь үргэлж бод _____ юм.
4. Тариалангийн талбай үерийн усанд авт _____.
5. Надад сайн ном ол _____.
6. Галт тэрэгний цонхоор талд олон мал хар _____.
7. Өвөл болоход уул тал цасаар бүрх _____.
8. Төрсөн нутаг минь үргэлж сана _____ юм.

8.6.4 回答下列问题。

1. Та ямар үйлчилгээний газрыг мэдэх вэ?
2. Үсчин хүн юу хийдэг вэ?
3. Ямар ямар зурагчин байдаг вэ?
4. Та үсээ яаж засуулдаг вэ?
5. Түргэн зурагчин хаана байдаг вэ?
6. Таны цаг яагаад эвдэрсэн бэ?
7. Та зургаа хаана авахуулсан бэ?
8. Та үсчинд сард хэдэн удаа очдог вэ?
9. Та зургаа хэзээ авахуулсан бэ?
10. Таны цаг зүгээр үү, та цагаа засуулах уу?

8.6.5 朗读下列句子并翻译成汉语，体会被动态的用法。

1. Тэд Улсын баярын үйл ажиллагаанд оролцохоор уригдан ирсэн ажээ.
2. Гадаадад удаан байхаар аав ээж минь их бодогддог юм.
3. Манай сургуулийн хашааны дотор нэг сайхан номын дэлгүүр нээгдсэн.

4. Таны хэлж байгаа энэ үг надад хачин санагдав.

5. Сүүлийн жилүүдэд Улаанбаатарт олон шинэ барилга баригдаж байна.

6. Энэ үг ярианы хэлэнд маш их хэрэглэгддэг.

7. Түүний ном, дэвтэр олдсонгүй.

8. Харанхуйд нэгэн цагаан юм үзэгдэв.

9. Бид гадаад хэлний дээд сургуульд харьяалагддаг.

8.6.6 用下列词汇分别造一个句子。

1. санах-санагдах
2. харах-харагдах
3. бодох-бодогдох
4. мэдэх-мэдэгдэх
5. барих-баригдах
6. ярих-яригдах
7. сонсох-сонсогдох
8. тавих-тавигдах

8.6.7 朗读下列句子，看看是否可以将谓语动词变成 "-лц, -цгаа" 的形式。

1. Аав надтай хамт зуслан явлаа.
2. Миний хүүгийн найзууд хүүд минь туслав.
3. Хүүхдүүд минь хөдөө очоод сайхан амарлаа.
4. Бид энэ тогоочтой хамт төрөл бүрийн хоол хийсэн.
5. Тэд орой болтол тоглоод унтсан. Киноны дараа бүгд гэртээ харьсан.
6. Би хүүтэйгээ элсээр байшин барьж тоглосон.
7. Аав нь өчигдөр тэр хоёртой цасаар өвлийн өвгөн хийсэн.
8. Хүүхдүүд энэ номын тухай удаан ярьсан.

8.6.8 模仿下列会话，用词汇 явуулцгаая, сонсоцгооё, ярьцгаая, буцаж ирцгээе, бодоцгооё, уулзацгаая 编写两组小对话。

- Хагас сайн өдөр хамт хооллоцгоох уу?
- Тэгье л дээ. Харин чи яагаад манайхантай хамт хооллож болохгүй гэж? Хагас сайнд манайхан жинхэнэ монгол хоол хийдэг.
- Аа тийм үү? Тэгээд та нар юу хийж иддэг юм бэ?
- Хийцтэй цай, гэрийн боорцог, арвайн гурил, шар тос гэх мэт янз бүрийн юм иддэг. Оройн хоолонд заримдаа мах чанаж, эсвэл гурилтай шөл хийж иддэг.
- Би тэгвэл танайд очиж та нартай хамт хооллоё.
- Тэг, тэг. Хамт хооллоцгооё.

- Маргааш бүтэн сайн өдөр хоёулаа цэцэрлэгт явцгаая.
- Тэгье. Харин их эрт биш шүү. Би ажлын өдөр эрт босдог. Тийм учраас амралтын өдөр орой босдог.
- Чи ер нь бүтэн сайн өдөр хэдэн цагт босдог хүн бэ?
- 10.00 цагт.
- Өө, эрт байна. Би үд дунд босдог. Чи өглөөний цай уудаг уу?
- Тэгэлгүй яах вэ. Би өдөр бүр гэртээ өглөөнийхөө цай уудаг.
- Тэгвэл Туул ресторанд нэг цагт уулзацгаая. Тэр ресторан бүтэн сайн өдөр өдөржин бидэн шиг хүмүүст өглөөний цайгаар үйлчилдэг.
- Тэгье. Баяртай. Сайхан амраарай.

8.6.9 朗读并体会动词被动态的用法。

Харийн нутаг давчдаад байна

Д. Жаргалсайхан

Элстэй толгод минь зүүдлэгдээд байна
Эжий минь торойн харагдаад л байна
Эвэрсэн алга нь бодогдоод л байна
Энгэрийнх нь үнэр санагдаад л байна

8.6.10 汉译蒙。
1. 我觉得您做的这饭菜很不错。
2. —请大点声,听不清楚。—现在能听清吗? 我再拨一次吧。
3. 后来我们又去过杜尔玛家几次,跟她很熟识了。
4. 兄弟俩为了一点小事吵得很厉害。
5. 关于春游的事情,大家好好商量一下吧。
6. 这上面写的什么看不清楚啊。
7. 昨天去书店的路上,遇到好几个熟人。
8. 铃一响,同学们走进教室。班长说:"起立"。老师说:"大家请坐下。"
9. 狐狸被猎人杀死了。
10. 电影演完了,人们从影院里走出来。

第 9 课

ЕСДҮГЭЭР ХИЧЭЭЛ

> 9.1 语法
>   9.1.1 助动词
>   9.1.2 语气词
> 9.2 句型
> 9.3 会话
> 9.4 课文
> 9.5 生词
> 9.6 练习

9.1 语法(Хэлзүй)

9.1.1 助动词(Туслах үйл үг)

失去原来动词词义,或部分失去词义,与其他动词、名词、代词等搭配在一起时,表示时间或动作、行为的特点或状况,在句子中与结合的词一起充当一种成分,这种动词称为助动词。助动词大体可分两类:

1. 与动词和其他词类的词都能搭配。

这一类词有:байх, болох。如:

Найз нар аа, манайд ирж байгаарай.　朋友们,请来我家!
Миний дүү Шанхайд сууж байна.　我的弟弟住在上海。
Оройтож болохгүй.　不能迟到。
Маргааш чи гэртээ харьж болно.　你明天可以回家。
Миний эх ажилчин байжээ.　我的母亲曾是工人。
Өдөр улам улам урт болж, нарны илч хурцаар шарах болов.
白天越来越长,阳光越来越灼热。

2. 只能和动词搭配。

有一些动词只能和副动词搭配,作助动词用。这一类助动词有:үзэх, авах, орхих,

гарах, суух, чадах, өгөх, явах, мэдэх, олох等。如：

Өвгөн аав аа, сонин үлгэрийг ярьж өгөөч.
老爷爷，请（您）给我讲个有趣的故事吧！
Одоо та нэг бушуухан ярьж үз л дээ.　现在您快点儿说。
Бас л уурлаж гарав.　又生气了。
Нэг мэдэхэд унтаж орхижээ.　突然发现睡着了。
Мэдэхгүй бол цээжилж аваарай.　不知道的话，请记住。
Үүнийг би хийж чадна.　这个我能做。
Хүү минь боль. Халуун усны сав унаж мэднэ.
我的孩子，别这样。暖水瓶会掉下来的。

9.1.2 语气词（Сул үг）

不能独立使用，绝大多数只能用在其他词之后，赋予某种情态意义的词称为语气词。蒙古语有以下几类语气词：

1. 疑问语气词：уу, үү, юу, юү, бэ, вэ, бол, бол уу?
2. 否定语气词：бүү, битгий, үл, эс*, биш, бус
3. 肯定语气词：юм, шүү, даа(дээ, доо, дөө), шив
4. 推测语气词：биз, байхаа
5. 回忆、犹豫语气词：билээ, билүү, юмсан, сан(сэн, сон, сөн), даг(дэг, дог, дөг)
6. 加强语气词：л, ч

试看以下例句：

юм表示一般叙述的肯定语气，通常用在句末。例如：

Би тэндхийн намын үүрт ажилладаг юм.　我在那里的党支部工作。

билээ用在句末，一般表示回忆语气或本来如此的语气。例如：

Өнгөрсөн жил та хаана байсан билээ?　去年您在哪儿？
Би чамд тэгж хэлсэн билүү?　我是那样对你说的吗？

шүү表示积极肯定的语气。例如：

Одоо багшийг энд удаан байлгах хэрэгтэй болсон шүү.
现在需要老师长期留在这儿。

дээ(даа)表示消极的肯定或消极地接受客观状态的语气。例如：

Нээрээ ч хэцүү дээ.　也确实难办。

л表示强调。例如：

Өнөөдрийн хуралд та л ирсэнгүй.　就只有您没有参加今天的会议。

---

* 这四个语气词要用在动词之前。

ч放在要强调的词后,表示"也"。例如:

Тэр хуралд би ч очно.　我也去参加那个会议。

биз、байхаа用于句末,表示"大概""也许"。例如:

Нойр хүрэхгүй байна. Ингээд хэвтэх биз ээ.　睡不着,就这样躺着吧。
Чи танина байхаа.　你大概认识吧。

9.2 句型 (Загвар)

9.2.1

Хүмүүс тачигнатал инээж гарав.

Тэр үнэнээ хэлж орхив.

Эртхэн явж үзээрэй.

Би нүүрэн дээр нь хэлж орхисон.

Зарлалын дагуу очиж үзье.

Түүнд нэг сайн сурах бичиг олж өгье.

Би багшаасаа сүүтэй цай яаж чанадгийг сурч авлаа.

Шанхайд ирээд далайн амьтан идэж үзлээ.

Ганбаатар аа, нар гарч орхиж, босоорой.

Чи хол сууж үзэж бай.

Би сонсоод сууж байя.

9.2.2

	манай багшийг	мэддэг биз дээ?
	манай гэрийг	мэдэж байгаа биз дээ?
Та	манай сургуулийг	мэдсэн биз дээ?
	манай найзыг	мэднэ биз дээ?
	манай даргыг	мэдмээр байгаа биз дээ?
Таны ажил төрөл Таны бие Та		сайн биз дээ?

第9课 ЕСДҮГЭЭР ХИЧЭЭЛ

9.2.3

Их Хурлын гишүүд	энэ тухай	хэлэлцэж байгаа байх.
		хэлэлцсэн байх.
		хэлэлцэх байх.
		хэлэлцдэг байх.

9.2.4

Таны нэр хэн билээ?

Та хаанаас ирсэн билээ? Би огт санахгүй байна.

Та хаана ажилладаг билээ?

Тэр хаана багшаар ажилласан билээ?

Та Америкаас ирсэн билүү, Англиас ирсэн билүү?

Таны эхнэр эмч билүү, сувилагч билүү?

Туяа манай сургуулийн эмнэлэгт ажил хийдэг билүү?

Уржигдар хэддэх өдөр байсан билээ?

9.2.5 Асуулт: Та өглөө сүү уудаг уу, тараг уудаг уу?
Хариулт:

Би	сүү л уудаг,	тараг уудаггүй.
	сүү ч уудаг,	тараг ч уудаг.
	сүү ч уудаггүй,	тараг ч уудаггүй.

9.2.6

Миний аав	угаасаа (л)	өндөр.
Миний хүү		залуу.
Миний нөхөр		тарган.
Миний эхнэр		сайхан.

9.3 会话 (Яриа)

9.3.1

- Эгч ээ, та дандаа юм бичиж суудаг юм, юу бичиж байгаа юм бэ?
- Дипломын зохиол бичиж байгаа.
- Ямар сэдвээр?
- Монголчуудын зан заншлын тухай гэсэн сэдвээр бичиж байна.
- Хэр зэрэг бичиж байгаа вэ?
- Удахгүй дуусгана шүү. Тэгээд хамгаална даа.
- Та одоо докторант уу, аспирант уу?
- Чи юу яриад байгаа юм бэ? Эгч нь зүгээр бакалавр шүү дээ.
- За, мэдлээ. Эгч ээ, та дээд сургуульд хэдэн жил суралцаж төгсдөгийг хэлж өгөөч.
- Голдуу 4 жил, зарим мэргэжлээр 5 жил. Анагаах ухааны дээд сургуульд 8 жил суралцаж төгсгөдөг.

9.3.2

Оюутан: Багш аа, та Монгол Улсын Их Сургуулийн багш мөн үү?

Багш: Мөн. Яасан?

Оюутан: Ирэх жилд МУИС-д сурахаар явна. Та МУИС-ийг танилцуулж өгөөрэй.

Багш: За, товчхон танилцуулъя. Монгол Улсын Их Сургууль нь манай улсын уугуан их сургууль. 1942 онд байгуулагдсан бөгөөд Чойбалсангийн нэрэмжит их сургууль гэдэг нэртэй байсан юм. МУИС нь нийслэл Улаанбаатар хотод 12 бүрэлдэхүүн сургуультай байдгаас гадна Орхон, Завхан аймагт салбар сургуультай. Нийслэл дэх МУИС-ийн хамт олон ойролцоогоор 10600 оюутан, 1600 магистр, докторын суралцагч, мөн 630 эрдэмтэн багштай. МУИС бол Монгол Улсын хамгийн том их сургууль мөн.

Оюутан: Гадаад оюутан МУИС-д монгол хэл суралцаж болох уу?

Багш: Бололгүй яахав. Манай сургуульд гадаад оюутнуудад зориулан монгол хэл сургах тусгай тэнхим байдаг.

Оюутан: Монгол хэл суралцаж байгаа гадаад оюутан олон байна уу?

Багш: Олон байна, анх, дунд, гүнзгий гэсэн гурван бэлтгэх анги байгаа, нийт 100 гаруй оюутан байна.

Оюутан: За, мэдлээ. Багш аа, ирэх жил МУИС-д явбал таны хичээлд сууя.

9.4 课文 (Унших сэдэв)

МОНГОЛЫН СУРГУУЛЬ

Монголын сургууль олон төрөл зүйлд хуваагдана. Бага сургууль, дунд сургууль, тусгай мэргэжлийн коллеж, дээд сургууль, их сургууль гэх мэт. Монгол хүүхэд 7 настайдаа сургуульд ордог. Жишээлбэл, 2000 онд төрсөн хүүхэд 2007 онд сургуульд орох ёстой.

Бага сургуулийг төгсөөд дунд сургуульд орно. Наймдугаар анги төгсгөсөн хүүхдийн зарим нь коллежид ордог. Зарим нь есдүгээр ангид суралцана. Наймдугаар ангийн боловсролтой хүнийг бүрэн бус дунд боловсролтой гэнэ. Арван нэгдүгээр анги төгсгөсөн хүнийг бүрэн дунд боловсролтой гэнэ. Наймдугаар анги төгсгөсөн хүүхдэд гэрчилгээ өгнө. Аравдугаар анги төгсгөсөн хүүхэд дунд боловсролын аттестат авна. Бүрэн дунд боловсролтой хүн их, дээд сургуульд орж суралцах эрхтэй.

Коллеж бас олон зүйл байж болно. Жишээлбэл, худалдааны, төмөр замын, багшийн, анагаахын, хөдөө аж ахуйн, барилгын, холбооны, эдийн засгийн гэх мэт. Коллеж төгсгөсөн хүн тусгай дунд боловсролтой болно. Дээд сургууль төгсгөсөн хүн бакалавр гэдэг бүрэн бус дээд боловсролтой болно. Их сургуулийн оюутан 4 жил суралцсаны дараа бас бакалавр болно. Их сургуулиуд бол дахиад 2-3 жил суралцуулсны дараа магистр гэдэг бүрэн дээд боловсрол олгодог.

Монголд их дээд сургууль олон бий. МУИС (Монгол Улсын Их Сургууль), Анагаах ухааны их сургууль, Хөдөө аж ахуйн их сургууль, Шинжлэх ухаан технологийн их сургууль, Хүмүүнлэгийн их сургууль гэх зэрэг. МУИС-д олон салбар, тэнхим, сургууль (хүрээлэн) байдаг. Тэрний нэг нь Монгол хэл соёлын дээд сургууль. Бид Монголд очвол тэнд суралцана.

Их сургууль бол төрөл бүрийн эрдэм ухааны сургалт явуулдаг төдийгүй эрдэм шинжилгээний их ажил явуулдаг. Тийм болохоор Монгол Улсын сургалт-эрдэм шинжилгээний хамгийн чухал төв нь болно. МУИС-д одоо 10000 орчим оюутан суралцаж байна. Тэдний дотор гадаадын цөөхөн орны оюутан бий. МУИС бас гадаадын олон орны их сургуулиудтай сургалт-эрдэм шинжилгээний хамтын ажиллагаа явуулж эрдэм шинжилгээний зохиол, ном хэвлэл солилцож байдаг.

9.5 生词 (Шинэ үгс)

орхих	（动）留下，遗弃（助动词，表示"彻底做完"）	гүнзгий	（形）深的，深奥的
		зүйл	（名）种类，类别
		коллеж	（名）中等学校，学院
эрт	（形）早，早先，从前	гэрчилгээ (н)	（名）证明，证书
нүүр(н)	（名）脸	хөдөө аж ахуй	（词组）农牧业
далай	（名）海，大海	технологи	（名）技术（规程），工艺
амьтан	（名）动物	хүмүүнлэг	（形）人文的，人性的
Их Хурал	（词组）大呼拉尔（蒙古国议会）	тэнхим	（名）教研室
		сургалт	（名）教育，教学
гишүүн	（名）成员	явуулах	（动）使……走，发送，寄，实施，开展，做
сувилагч	（名）护士		
тараг	（名）酸奶	хэвлэл	（名）出版，印刷，出版物
диплом	（名）（大学的）毕业证书，学位证书	хүмүүс	（名）人们
		тачигнах	（动）（发出破裂、爆破等声响）雷鸣，轰隆响
зан заншил	（词组）风俗习惯，风土人情		
докторант	（名）博士研究生	инээх	（动）笑
аспирант	（名）研究生	дагуу	（副）沿着，顺着
бакалавр	（名）学士	сурах бичиг	（词组）教科书
дээд сургууль	（词组）学院	Ганбаатар	（人名）冈巴特尔
төгсгөх	（动）毕业，了结，完成	ажил төрөл	（词组）各种工作
анагаах ухаан	（词组）医学	Америк	（名）美国
ууган	（形）年纪最大的，最先的	угаасаа	（副）本来，原先
		тарган	（形）胖的，肥的
нэрэмжит	（形）以……命名的，以……名义的	дандаа	（副）经常，常常
		хэр зэрэг	（词组）什么程度
салбар	（名）分支，部门	хамгаалах	（动）保护，答辩
ойролцоо	（形）附近的	голдуу	（副）主要
магистр	（名）硕士	товчхон	（副）简要地，简略地
эрдэмтэн	（名）学者	Чойбалсан	（人名）乔巴山
зориулах	（动）献给……，为了……，供……之用，专注于……	тусгай	（形）特殊的，特别的
		аттестат	（名）毕业文凭，证书
		бус	（语）不，不是

эрх	（名）权力,权利	эрдэм шинжилгээ	（词组）科研,学术
худалдаа (н)	（名）贸易,商业	хамтын ажиллагаа	（词组）合作
төмөр зам	（名）铁路	зохиол	（名）作品,创作
төдийгүй	（连）不只那么些,不仅……而且……	солилцох	（动）交流,交换

9.6 练习 (Дасгал)

9.6.1 回答下列问题,注意助动词的用法。

1. Сам хорхой идэж үзсэн үү?
2. Сам хорхой барьж үзсэн үү?
3. Нохойн мах идэж үзсэн үү?
4. Далайн амьтан идэж үзсэн үү?
5. Адуу, тэмээ, тарваганы мах идэж үзсэн үү?
6. Чи тэр бөхтэй барилдаж үзсэн үү?
7. Хүнтэй хэрэлдэж үзсэн үү?
8. Та хөдөө очоод юу юу хийж сурав?
9. Та малчныд очоод ямар хоол хийж сурав?
10. Хэзээ, ямар хөгжим тоглож сурсан бэ?
11. Та Даштогтохоос хэдэн шинэ дуу сурч авав?
12. Та энэ хичээлээс хэдэн шинэ үг сурч авав?
13. Та нар хөдөө очоод юу мэдэж авав?
14. Монголд ирээд эндэхийн зан заншлын тухай юу мэдэж авав?
15. Сүүтэй цай яаж чанадгийг хэнээс сурч авав?

9.6.2 回答下列问题。

1. Монгол Улсад ямар ямар сургууль байдаг вэ?
2. Монгол хүүхэд хэдэн настайдаа сургуульд ордог вэ?
3. Та хэдэн онд бага сургуульд орсон бэ?
4. Та ямар дунд сургууль төгссөн бэ?
5. Та ямар дүнтэй төгссөн бэ?
6. Бүрэн дунд боловсролтой хүн гэж ямар хүнийг хэлдэг вэ?
7. Их дээд сургуульд ямар хүн орж суралцдаг вэ?
8. Монгол Улсад ямар ямар коллеж байдгийг та нэрлэнэ үү?
9. Та Монгол Улсын Их Сургуулийн тухай ярина уу?

10. Дээд сургуульд хэдэн жил суралцаж төгсгөх вэ?

11. Дээд сургуульд ямар журмаар ордог вэ?

12. Дээд сургуульд ямар хүн шалгалтгүй ордгийг мэдэх үү, та?

13. Оюутан жилд хэдэн удаа шалгалтанд ордог вэ?

14. Хэддүгээр анги төгсгөсөн хүүхэд гэрчилгээ авдаг вэ?

15. Хэддүгээр анги төгсгөсөн хүүхэд аттестат авдаг вэ?

9.6.3 请在下面划线词后加上语气词"л"或"ч"并朗读。

1. Миний бага хүү амьтан тэжээх дуртай.

2. Баянмөнх аварга энэ наадамд сайн барилдав.

3. Эмээ цагаан сараар сонин ном бэлэглэв.

4. Би хөл бөмбөг тоглох дуртай.

9.6.4 朗读并把句子翻译成汉语，体会助动词的用法。

1. Би саяхан усанд сэлж сурлаа.

2. Бид монгол хэл сурч эхэллээ.

3. Миний толгой өчигдөр оройноос өвдөж эхэлсэн.

4. Эмч өвчтөнүүдийг үзэж дууслаа.

5. Дорж эмийн сангаас эм авч ирэв.

6. Бид номын дэлгүүрээс ном худалдаж авсан юм.

7. Оюутнууд ажлаа цагтаа хийж дууссан.

8. Наран дүүгээ эмнэлэгт хүргэж өгөв.

9. Чулуун дэлгүүрээс талх, мах, гурил худалдаж авлаа.

10. Би дүүдээ өдөн бөмбөг яаж тоглохыг зааж өгсөн.

9.6.5 模仿例子回答下列问题。

Үлгэр: Тэд дэлгүүрээс гутал авсан уу, цамц авсан уу?

    А. Тэд дэлгүүрээс гутал л авсан, цамц авсангүй.

    Б. Тэд дэлгүүрээс гутал ч авсан, цамц ч авсан.

    В. Тэд дэлгүүрээс гутал ч авсангүй, цамц ч авсангүй.

1. Та нар Доржтой уулзав уу, Баттай уулзав уу?

2. Та нар хотод амьдрах уу, хөдөө амьдрах уу?

3. Танайхан гүзээлзгэнэд дуртай юу, алиманд дуртай юу?

4. Тэдэнд улаан үзэг байна уу, улаан харандаа байна уу?

5. Дорж машинтай юу, орон сууцтай юу?

9.6.6 朗读下列会话，体会语气词 билээ, билүү 的用法。

- Би баллуураа хаана тавьсан билээ?
- Та баллуураа цонхон дээр тавьж байсан.
- Сараагийн гэр хэддүгээр байшинд байдаг билээ?
- Хоёрдугаар байшинд.
- 8 номерийн хаалга билүү?
- Яг тийм.
- Өнөөдөр долооны өдөр билүү?
- Биш, өнөөдөр 6-ны өдөр. Хоёрдахь өдөр.
- Нөгөөдөр бид гурван цагийн хичээлтэй билүү?
- Мэдэхгүй, хэдэн цагийн хичээлтэйг мэдэхгүй. Та л мэдэх ёстой доо.

9.6.7 朗读下列对话，并谈谈你去过的地方。

- Та дэлхийн ямар ямар оронд очиж үзсэн бэ?
- Олон орон. Бараг 30 орчим оронд очиж үзсэн. Ази, Африк, Европ, Скандинавын орнууд гэх мэт.
- Та эдгээр орнуудад ямар хэргээр очиж байсан бэ?
- Заримдаа амралтаар, заримдаа ажлаар явсан.
- Таны очиж байсан газруудаас хамгийн сонирхолтой нь аль орон байв?
- Израиль, Скандинавын орнууд байгаль сайхантай.
- Аль оронд хамгийн олон удаа очсон бэ?
- Өмнөд Солонгост байхаа.
- Аль оронд хамгийн удаан хугацаагаар байсан бэ?
- Сингапурт 5 жил ажилласан. Тэнд хамгийн удаан суусан юм байна.
- Монголд ирээд хөдөөгүүр явсан уу?
- Амжаагүй байна. Удахгүй говийн аймгуудаар ажлаар явах гэж байна.
- Би ч бас тэгж бодож байна.
- Надтай ярилцсанд тань баярлалаа.
- Зүгээр. Талархах хэрэггүй. Хөдөө явж ирээд дахиад тантай ярилцья.
- Баярлалаа. Баяртай. Сайн яваарай.
- Сайн сууж байгаарай.

9.6.8 汉译蒙。

1. 欢迎您常来我家做客。
2. 这么重要的活动怎么能迟到呢？
3. 您去过蒙古国吗？那里的奶食很不错，可以尝尝。
4. 他们住哪儿来着？

5. 那位老人从来不抽烟,也不喝酒,身体很好。
6. 你父母的身体还好吧?
7. 还是早去早回吧。
8. 女儿哭着跑进来。
9. 邮局开门了,快去取你的邮包吧。
10. 你不打算跟妈妈学包饺子了吗?

第 10 课

АРАВДУГААР ХИЧЭЭЛ

> 10.1 语法
>   10.1.1 助动词 байх 与复合时态
>   10.1.2 助动词 болох 与复合谓语
> 10.2 句型
> 10.3 会话
> 10.4 课文
> 10.5 生词
> 10.6 练习

10.1 语法（Хэлзүй）

10.1.1 助动词 байх 与复合时态（Туслах үйл үг "байх" ба нийлмэл цагт хэлбэр*）

"байх" 既是实义动词又是助动词，是蒙古语最为活跃、使用频率最高的词。它与副动词、形动词搭配，可以构成丰富多彩的复合时态。本课只介绍一些常见的复合时态。

1. 现在进行时

Явж		正走着
Яваад	байна	仍在走着
	байгаа	
Явсаар	байх юм	一直在走着
Явдаг		经常走着

---

* 参考英语及其他语言的研究成果，我们认为蒙古语也有复合时态的概念，故将其翻译为 нийлмэл цагт хэлбэр。——编者注

2. 过去进行时

Бороо орж	байсан	雨曾经下过
Бороо ороод	байлаа	雨曾经下过（一段时间）
Бороо орсоор	байв	雨曾经下过（很长时间）
Бороо ордог	байжээ	雨过去经常下

3. 现在未完成时

Авмаар	байна	正要买
	байгаа	
Авах гэж	байх юм	正打算买

4. 现在完成时

Ирсэн	байна	来了（表示当前的事实）
	байгаа	
	байх юм	

5. 过去未完成时

Очих	байсан	曾经要去（表示以前并未发生）
	байлаа	
Очмоор	байв	
	байжээ	

6. 过去完成时

Хичээл эхэлсэн	байсан	（那时）已经上课了
	байлаа	（表示过去某时已发生）
	байв	
	байжээ	

由上可见，байх 的搭配能力是很强的。而且由于主要动词的不同，可以表达出许多状态各异的复合时态，需要认真领会，准确运用。试看以下例句：

Өвөл идэш ууш дутагдсанаас шувуу үхдэг байна.
冬天由于缺少食物，鸟禽经常死去。

Гомбо хэдэн жил морьгүй явган явдаг байв.
贡宝好几年没有马骑，总是徒步行走。

Гэрэл унтраад дахин асахад Мандалын нүднээс нулимс гарсан байна.
灯光熄了又亮，满达勒掉下了眼泪。

Хотонд орсон цасыг арилгах хэрэгтэй, арилгахгүй бол сүүлдээ дийлдэхгүй болоод олон хонь дарагдаж үхэх байв.

羊圈里的雪需要清除，否则越来越多，许多绵羊会被雪盖住冻死。

Намайг харихад дүү хоолоо идэж л байв. 我回去的时候，弟弟还在吃饭。

Үнэнийг хэлэхэд би мэдсэн бол бас чөлөө авмаар байсан.

说实话，我要是知道，也要请假的。

Батыг ангид ороход хичээл эхэлсэн байлаа. 巴特走进教室的时候，已经上课了。

10.1.2 助动词болох与复合谓语（Туслах үйл үг "болох" ба нийлмэл өгүүлэхүүн）

"болох"也既是实义动词又是助动词，在蒙古语里使用频率也非常高。它与并列副动词搭配表示"可以"、"允许"之意。如：

	болно	可以看
үзэж	болох юм	
	болдог	可以看（经常）

болох与形动词搭配表示某动作、行为会发生或已发生的一种复合谓语。

1. "-х болно"表示将会进行。如：

Би их сургуулиас төгсөөд багшаар ажиллах болно. 我大学毕业以后将当教师。

Чи малаа сайн маллаад бай. Тэгвэл чамайг сайн хүн гэж бүгдээр санах (үзэх) болно. 你好好放牧牲口，那样大家都会认为你是个好人。

2.

	болж байна	正变得要进行
-хаар	боллоо	
	болсон	已变得要进行
	болов	
	болжээ	

Бид маргааш Улаанбаатар луу нисэхээр болж байна.

我们明天要飞往乌兰巴托了。

Багшийнхаа заасан ёсоор би Сарнаад туслахаар боллоо.

按照老师指示，我得帮助沙日娜了。

3.

	болж байна	正变得经常进行
-даг	боллоо	
	болсон	已变得经常进行
	болов	
	болжээ	

Манайх саруул сайхан байшинд суудаг болж байна.
我们家住上了明亮的楼房。(刚刚实现)

Би арван гурван нас хүрэхдээ хонь сайн хариулж чаддаг боллоо.
我十三岁时就是放羊好手了。(已经实现)

4.

	болж байна	正变得要进行或正在进行
-х	боллоо	
	болсон	已变得要进行或正在进行
	болов	
	болжээ	

Ээжийн хэлснээр эгч хоол хийх, би гэр цэвэрлэх болж байна.
按照妈妈的吩咐，姐姐做饭，我打扫房间。

Гурван ес ойртож тэнгэр улам хүйтрэх болов.
三九快到了，天气变得愈加寒冷了。

10.2 句型 (Загвар)

10.2.1

Дарга энэ ажлыг	бодож	байна.
	бодоод	байгаа.
	бодсоор	байх юм.
	боддог	

10.2.2

Би гэрээсээ	захиа авч	байна.
	захиа аваад	байгаа.
	захиа авсаар	байх юм.
	захиа авдаг	

10.2.3

Би унтаж байсан.

Тэр унтчихаад байв.

Тэд манай сургуульд ажилласаар байжээ.

Намайг сэрэхэд гадаа цас орсоор л байлаа.

Урьд нь бид огт таньдаггүй байсан.

Би Монголд байхдаа цагаан сар тэмдэглэдэг байжээ.

Намайг бага байхад манай гэр Эрдэнэтэд байдаг байсан.

10.2.4

Асуулт: Энэ малгай ямар байна вэ?

Хүсэлт:

	надад томдож байна,	жаахан	багасгамаар	байна.
Энэ малгай	түүнд томдоод байгаа,		багасгах гэж	байгаа.
	чамд багадаж байна,		томсгомоор	байх юм.
	над багадаад байгаа,		томсгох гэж	

Хариулт:

	томдож байгаа бол	би	багасгаж өгье.
Энэ малгай	багадаж байгаа бол		томсгож өгье.

10.2.5

Нөгөө хүүхэн чинь ирчихсэн байна.

Би Пүрэвжавтай танилцсан байгаа.

Чи хамгийн сайн бичсэн байх юм.

10.2.6

Таны гэрийн хаягийг мэддэгсэн бол танайд очих байлаа.

Өчигдөр бороо ороогүй байсан бол бид ууланд гарах байсан.

Бага балчир байхад би ирээдүйд эмч болъё гэж боддог байсан.

Би эр хүн байсан бол энэ ажлыг хиймээр байлаа.

Таны утасны дугаарыг мэддэгсэн бол би тантай утсаар ярих байсан.

Уржигдар тэнгэр цэлмэг байсан бол бид далайн эргээр зугаалмаар байсан.

10.2.7

Таныг хөдөө байхад маш их цас орсон байлаа.

Өчигдөр намайг дэлгүүрт явж байхад бороо орж байсан.

Театрт очвол аль хэдийн жүжиг эхэлчихсэн байлаа.

Өнгөрсөн хаврын энэ үед манай сургуулийн хашаанд нүүдлийн шувуу ирсэн байжээ.

10.2.8

Ах өглөөнөөс орой хүртэл ном уншсаар байна.

Ах өдөр бүр ном уншсаар байсан.

Ах нэг дэх, тав дахь өдөр ч ном уншсаар байдаг.

Бид хойшдоо ч та нарт тусалсаар байх болно.

10.2.9

Эгч хуримаа хийгээд нөгөө хотод суух болно.

Чи хичээл сайн хийвэл эцэг эхийгээ баярлуулах болно.

Манайх шинэ байрандаа нүүсний дараа найзуудаа урих болно.

Түүнийг хүүхдээ төрүүлсний дараа бид гэрт нь очих болно.

Багшийн тусалснаар Дорж сагсан бөмбөг сайн тоглодог боллоо.

Монголд ирээд хоол хийж чаддаг болсон.

Та нар удахгүй монголоор сайн ярьдаг болно.

10.3 会话 (Яриа)

10.3.1

А: Танд баяр хүргэе! Монгол хэл чинь улам сайжирч байна шүү!

Б: Улаанбаатарт байсан үедээ би их чармайсаар байсан юм.

А: Тухайлбал?

Б: Би өдөрт Улсын төв номын санд очиж монгол хэлний ном уншаад байлаа. Оройд би гардаггүй, нэг бол радио сонсч, эсвэл телевиз үздэг байлаа.

А: Аа, зурагт байвал зүгээр. Суваг нь олон байна уу?

Б: Олон сувгийн нэвтрүүлэг үзэж болно. Ер нь нэвтрүүлэг өглөө 7 цагаас эхлээд сүүлчийнх нь шөнө 3 цагт дуусдаг юм байна лээ.

10.3.2

- Та говьд очиж үзсэн үү?
- Очсон. Гурван жилийн өмнө Өмнөговь аймагт нэг очиж үзсэн. Их сонин сайхан нутаг билээ. Бас Дундговь, Дорноговь аймагт хэд хэд очсон. Зарим хүн говийг ус үгүй, ургамал, амьтан ч үгүй цөл гэж боддог бололтой.
- Нүдээрээ үзээгүй болоод л тэр. Хэрэв үзсэнсэн бол хаанаас тэгж бодох вэ? Би говийн тухай их сонссон. Нэг очиж үзэх юмсан гэж боддог.
- Заавал очиж үзээрэй. Их сонин шүү. Зун нь их халуун ч гэсэн, өвөл зунгүй мөстэй байдаг газар ч бий. Усаар ховор, элсэрхэг хөрстэй боловч малын сайхан бэлчээртэй. Бүтэн өдөр явсан ч захад нь хүршгүй өргөн тал ч бий. Говийнхон ажилд сайн. Говийн зоригт малчдыг харахад бахадмаар байдаг юм аа.
- Би говийн тухай нэг ном уншсан байсан юм. Бас "Өнчин цагаан ботго" гэдэг кино үзлээ. Говийнхныг их л магтсан байна.
- Магталгүй яахав! Магтууштай сайхан нутаг, магтмаар сайн хүмүүс.

ӨДРИЙН ТЭМДЭГЛЭЛИЙН ХУУДАСНААС

2013 оны ... сарын ... -ны өдөр

(Маш нууц)

Өнөөдөр ямар сайхан өдөр вэ? Бас дээр нь хүсээд байсан хүнтэйгээ гэнэгүй явж байгаад танилцсан өдөр! Хуучин би түүнийг танихгүй боловч бодоод л баймаар байдаг асан(байдагсан). "Мөрөөдөхөд мөнгө төлдөггүй" гэдэг үг бий ч, одоо бодвол өөрийгөө л дэмий хуурч байжээ гэж хэлмээр юм уу? Харин өнөөдрөөс эхлээд, бодол маань мөрөөдлийг бус бодитой зүйлийг бодох боллоо.

Түүнийг номын санд сууж байхыг нь хараад л суумаар байж билээ. Тэгээд ч хараад л суудаг байсансан. Багшийн уншаарай гэсэн номыг тавиур дээрээс аваад эргэтэл түүнтэй халз тулгарав. Тэр бас өнөөдөр л унших ёстой байсан гэнэ. Ямар азаар тэр ном хоёр хувь байсангүй вэ? Тэгээд танилцаж, хамт суун номоо хамт уншиж тэмдэглэл хийлээ. Дараа нь мөхөөлдөс идэж бага сага юм ярилаа. Цаг ямар хурдан өнгөрөв өө? Болдогсон бол хамт суугаад л баймаар байлаа. Даан ч... Ингэж өнөөдөр багш ном хоёр бид хоёрыг танилцуулжээ...

10.5 生词 (Шинэ үгс)

огт	（副）完全,根本,绝对	ботго(н)	（名）骆驼羔
таних	（动）熟悉,认出	магтах	（动）称赞,表扬
тэмдэглэх	（动）做标记;庆祝	дэмий	（形）随意的,妄为的,
томдох	（动）显得过于大,变得过于大		胡乱的,枉然的,白费的
багадах	（动）变得太小,显得太小	хуурах	（动）欺骗
багасгах	（动）使缩小,使减少	мөрөөдөл	（名）理想
хүүхэн	（名）女孩,姑娘	халз	（副）正前地,正对面地
эрэг	（名）岸	тулгарах	（动）支撑,顶住,突然
театр	（名）剧院		遇见,面临,邂逅
нэгдэх	（数）第一的	аз	（名）福气,幸运
тавдахь	（数）第五的	хувь	（名）份,部分,股份
хурим	（名）婚礼	мөхөөлдөс	（名）冰淇淋
сагсан бөмбөг	（名）篮球	даан	（副）过于,太,甚
улам	（副）越来越……,更加,愈发	Пүрэвжав	（人名）普列布扎布
		ирээдүй	（名）未来
сайжрах	（动）改善,变好	зугаацах	（动）消遣,娱乐
тухайлбал	（副）例如,具体来说	аль хэдийн	（词组）早已,老早
суваг	（名）频道,沟,渠,运河	жүжиг	（名）戏剧
нэвтрүүлэг	（名）广播	хойшид	（副）以后,将来
ер нь	（副）总的来说	туслах	（动）帮助
ургамал	（名）植物	баярлуулах	（动）使高兴
хэрэв	（连）假如,如果	баяр	（名）喜悦,高兴,节日
заавал	（副）一定要	баяр хүргэх	（词组）祝贺,恭喜
мөс(н)	（名）冰	чармайх	（动）努力
элсэрхэг	（形）多沙的	радио	（名）无线电
хөрс(н)	（名）土壤	телевиз	（名）电视
бэлчээр	（名）牧场	зурагт	（名·形）彩色电视,带图像的
зоригт	（形）勇敢的		
бахдах	（动）以……为自豪,夸赞	Өмнөговь	（名）南戈壁
		Дундговь	（名）中戈壁
өнчин	（名·形）孤儿,孤苦伶仃的	Дорноговь	（名）东戈壁
		цөл	（名）荒漠

第10课 АРАВДУГААР ХИЧЭЭЛ

болотой	（副）大概,似乎,好像	тэмдэглэл	（名）记录,笔记
бодитой	（形）实际的,具体的	бага сага	（词组）少量的,少许的
тавиур	（名）架,台子		

◆ 10.6 练习 (Дасгал)

10.6.1 朗读下列句子,体会болох一词的用法。

1. Хавар болж тэнгэр дулаарлаа.
2. Хүн амьтан гадуур нимгэн хувцастай явах болжээ.
3. Гэвч одоо ингээд хүйтрэхгүй гэж бодож болохгүй.
4. Эрдэнэ сургуулиа төгсөөд багш болжээ.
5. Тэгээд Дарханы дунд сургуульд очиж багшлах болсон гэнэ.
6. Гэвч одоохондоо тийшээ явах арай болоогүй юм байх.
7. Намар болохлоор явна гэж байна лээ.
8. Би өдөр бүр зураг зурдаг болсон шүү.
9. Энэ ангийн хичээл 9 цагт эхэлдэг болсон юм байна.
10. Та зурах болсон уу? Өөр хүн зурах болсон уу?

10.6.2 朗读下列句子,体会байх一词的用法。

1. Надад хэлзүйн олон сурах бичиг байгаа.
2. Энд нэг тэмээ байна.
3. Тэнд хонь бэлчиж байна.
4. Үдээс хойш чи гэртээ байх уу?
5. Зураг дээр байгаа амьтдыг нэрлэ.
6. Битгий хожигдож бай.
7. Тэр энд байж байж саяхан явлаа.

10.6.3 朗读下列句子并翻译成中文。

1. Гадаа их сайхан, яваад л баймаар байсан.
2. Далайн эргээр яваад л баймаар байдаг асан.
3. Нойр хүрээд, унтаад л баймаар байна.
4. Чамайг хараад л баймаар байх юм.
5. Ийм хоолыг бол идээд л баймаар байх.

10.6.4 回答下列问题。

1. Та эндээс нүүмээр байна уу, нүүмээргүй байна уу?
2. Та өглөө бүр гимнастик хиймээр байна уу?
3. Та усанд сэлэх гэж байх юм уу?
4. Та манай сургуульд юу сурмаар байна вэ?
5. Чи хэзээ, хэнтэй хүнсний дэлгүүрт явах гэж байна вэ?
6. Өвөө энэ номыг хэнд өгмөөр байна вэ?
7. Тэр оюутан хэнээс асуулт асуумаар байна вэ?
8. Тэр охин орой хаана хэнтэй уулзмаар байна вэ?
9. Та нар энэ байшин дээр яаж гармаар байна вэ?
10. Та хэзээ надтай музей үзэх гэж байна вэ?

10.6.5 完成下列句子。

1. Одоо 20 настай байсан бол _____.
2. Завтай байсан бол _____.
3. Дэлхийн бүх хүмүүс ганцхан хэлээр ярьдаг байсан бол _____.
4. Энэ дууг чинь мэддэгсэн бол _____.
5. Түүний нэрийг мэддэгсэн бол _____.
6. Хэрэв би байсан бол _____.
7. Мөнгөтэй байсан бол _____.
8. Таны хэлийг сайн ойлгодог байсан бол _____.
9. Энэ хавар бороо элбэг орсон байсан бол _____.
10. Тэд хамтарч ажилладаггүй байсан бол _____.

10.6.6 朗读下列会话。

- Миний хүү өдөржин хаагуур явав?
- Хичээлээ тараад, гуанзанд хоол идээд, тэгээд сургуулийн номын санд найзуудтайгаа хамт сууж байгаад ирлээ ээж ээ.
- Ядрав уу?
- Гайгүй ээ.
- Одоо хувцсаа сольж, гараа угаагаад хоолоо ид. Одоо орой болж байгаа учраас зурагт үзэж, тоглоом тоглож биеэ ядраах хэрэггүй шүү. Жаахан байж байгаад унтаарай.
- За, тэгнэ ээ.

10.6.7 汉译蒙。

1. 妈妈一直在考虑孩子上学的事情。
2. 大学毕业后，苏伦一直在出版社工作。

3. 我醒了的时候，爸爸妈妈都上班走了。
4. 在北京的时候，巴图结识了很多朋友。
5. 学校宿舍里安装了电视机，可以看很多频道。
6. 上中学的时候，奥云每天晚上都玩电脑。但是上了大学以后，就没有那么多时间玩电脑了。
7. 如果能赶上这趟公交车，我们8点前就能到学校。
8. 爸爸从早到晚忙工作。
9. 要是昨天没下雪的话，比赛就不会推迟了。
10. 我原来不知道他也是老师。

第 11 课

АРВАН НЭГДҮГЭЭР ХИЧЭЭЛ

11.1 语法
　　11.1.1 关联动词 I
　　11.1.2 反身规则 I
11.2 句型
11.3 会话
11.4 课文
11.5 生词
11.6 练习

11.1 语法（Хэлзүй）

11.1.1 关联动词 I（Холбох үйл үг I）

　　гэх 是蒙古语的一个特殊动词,其主要作用是把一句话或一个思想活动引出来,与主句相连,因而叫关联动词。它的意义与用法很多,在实际语言中很活跃,有些用法我们已学过,有许多还未学,下面再介绍几种：

　　1. 把引语连接于主句中。

　　蒙古语不论是直接引语还是间接引语,后面一定要有关联动词。

"Бид маргааш хөдөө явна" гэж дүү надад хэллээ.
弟弟对我说："我们明天去乡下"。

Тэнд "Сур, сур, бас дахин сур" гэж бичсэн байна.
在那里写了"学习、学习、再学习"。

Намайг бас ирнэ гэж хэлээрэй.　　告诉一下我也来。

Дулмааг танай нутгийн хамгийн шилдэг саальчин гэж тэр захидалдаа хэлэв.
他在信中说杜勒玛是你们家乡最优秀的挤奶员。

　　前两句是直接引语,后两句是间接引语。
　　间接引语的主语如果是人名或人称代词,需要变宾格。

2. 本身可作"说""告诉"讲。

Очихгүй гэв.　说不去。

Юу гэнээ?　说什么?

Бид хоёр шиг жаргалтай хүн ховор шүү дээ гэлээ.　说像我们这么幸福的人很少。

这里也可以认为是省去了动词хэлэх。

3. 与将来时形动词连用,当"为""为了"讲。

Дорж мах авах гэж дэлгүүрт очив.　道尔吉去商店买肉。

Би монгол хэл сурах гэж энд ирсэн.　我来这里学习蒙古语。

4. 将来时形动词+гэж байх表示"即将""要""打算"的意思。

Одоо хичээл эхлэх гэж байна.　现在要开始上课了。

Хүүхдүүд хоолоо идэх гэж байна.　孩子们要吃饭。

Цаг болох гэж байна.　时间要到了。

5. 当"叫做""称为""所谓"讲。

Энэ хүнийг Дорж гэдэг.　这个人叫做道尔吉。

"Өглөө" гэдэг кино үзлээ.　看了电影《早晨》。

6. гэнэ出现在一个完整的句子后面时,作"据说""有人说"讲。

Ах маргааш ирнэ гэнэ.　据说(我)哥哥明天来。

Миний найз дүүтэйгээ уулзсан гэнэ.　据说我的朋友见到了(我)弟弟。

Батын аав өчигдөр хөдөө явсан гэнэ.　据说巴特的爸爸昨天去了乡下。

11.1.2 反身规则 I (Хамаатуулах ёс I)

在一个词后加上专门的后缀,表示某人(或事物)属于谁或与谁有关。这种语法现象称为反身规则。反身规则分为人称反身规则和无人称反身规则两种。

人称反身规则(Гурван биед хамаатуулах ёс)

表示人称反身规则的是一些人称代词演变的后缀,有三种人称与单复数之分。试看下表:

	单数	复数	备注
第一人称	минь	мань маань	минь可代替маань。
第二人称	чинь	тань	тань除表示复数外,还表示尊称"您的",实际语言中用得不多,以чинь代替。
第三人称		нь	

Ах минь иржээ. （我的）哥哥来了。

Дүү чинь хаа явав? （你的）弟弟到哪儿去了？

Нэр чинь хэн бэ? 你叫什么名字？

Ном нь тэнд байна. （他的）书在那儿。

Зүүн талд нь кино театр бий. （在它的）东边是电影院。

Эх орон маань өдрөөс өдөрт цэцэглэн мандаж байна. 我们的祖国日益繁荣昌盛。

人称反身后缀有显示主语的作用，这时失去人称反身的意义。如：

Аль нь дээр вэ? 哪一个好？

人称反身后缀还常常用在呼语中。如：

За, найз минь, сайн яваарай. 我的好朋友，祝你一路顺风。

11.2 句型（Загвар）

11.2.1

Багш "маргааш хичээл орохгүй" гэж хэллээ.

Багш "маргааш хичээл орохгүй" гэж хэлээгүй.

11.2.2

Багш намайг тантай уулз гэж хэлсэн.

Буян тантай уулзъя гэж байна.

(Нэг хүн) тантай (утсаар) ярья гэж байна.

11.2.3

Маргааш 10 цагт аяллаар явна гэж байна.

Маргааш 10 цагт аяллаар явна гээгүй байна.

Өглөө Улаанбаатарт тэнгэр сайхан байсан гэсэн.

11.2.4

Өчигдөр Улаанбаатарт цас орсон гэнэ.

Одоо Улаанбаатарт цас орж байгаа гэнэ.

Маргааш Улаанбаатарт цас орно гэнэ.

Маргааш Улаанбаатарт цас орох бололтой гэнэ.

Маргааш Улаанбаатарт цас орж магадгүй гэнэ.

11.2.5

Багш ирээгүй гэнэ.

Багш ирээгүй гээгүй.

Багш ирсэн гэсэн үү?

Багш ирсэн гээгүй юү?

11.2.6

Би тантай уулзах гэж олон удаа ирлээ.

Танаас зөвшөөрөл авах гэж явна.

Дорж ном зээлэх гэж явна.

11.2.7

Цонх салхинд онгойх гэж байна.

Онгоц нисэх цаг болох гэж байна.

Одоо л цаг агаар дулаарах гэж байна.

11.2.8

Би тантай уулзах гэсэн юм.

Танаас зөвшөөрөл авах гэсэн юм.

11.3 会话（Яриа）

11.3.1

Бат: Та сайн байна уу? Та сумын дарга мөн үү? Би тантай уулзахаар ирсэн юм.

Дорж: Сайн, сайн байна уу? Мөн байна. Та чинь хаанаас яваа, хэн гэдэг хүн бэ?

Бат: Би сургуулийн багшаар ирж байгаа Бат гэдэг хүн байна.

Дорж: Та ямар сургууль төгсөөд ирж байгаа хүн бэ?

Бат: Улаанбаатар хотын багшийн сургууль.

Дорж: Манай сумд багшийн сургууль төгссөн багш байхгүй. Ашгүй дээ. Та ирлээ. Хоёулаа тухтай ярилцъя.

Бат: Баярлалаа. Таны алдар хэн гэдэг вэ?

Дорж: Намайг Дорж гэдэг. За, Улаанбаатараар сонин сайхан юу байна даа?

Бат: Онц сонин юмгүй дээ. Саяхан цэргийн наадам болж өнгөрсөн.

Дорж: Юу гэнэ? Цэргийн наадам уу?

Бат: Тийм, та дуулаагүй юү?
Дорж: Цэргийн наадам болно байх даа гэж бодоод байсан ч, ажил мажил их байгаа болохоор бүр мартчихсан байна.

11.3.2

Дэлгэр: Лувсан ах аа, таны амрыг айлтгая.
Лувсан: Аа, чи Дэлгэр үү?
Дэлгэр: Тийм байна. Таныг ажлаар хөдөө явсан гэж дуулсан.
Лувсан: Тэгээд хүү минь чи хаанаас гараад ирэв ээ?
Дэлгэр: Би Улаанбаатараас ирлээ.
Лувсан: Улаанбаатарын агаар ихэд бохирдож байна гэж мэдээгээр гарсан, үнэн үү?
Дэлгэр: Үнэн, Улаанбаатар одоо "утаанбаатар" болоод байна, хэхэ. Та хэзээ энд ирсэн бэ?
Лувсан: Би ноднин намар энд ирсэн.
Дэлгэр: Таныг энд байлаа гэж би ердөө санасангүй шүү.
Лувсан: Энд чамтай дайралдсан нь бас сайхан байна.

◆ 11.4 课文 (Унших сэдэв)

МОНГОЛЫН ХООЛ ХҮНС

Монгол малчин хүмүүсийн хоол хүнс нь их сонин. Ер нь монголчууд хоолны нарийн дэглэм барьдаггүй. Гэхдээ ундаа зохицуулаад л идэж уудаг юм. Өглөө, үдийн цай уухаа унд уух, орой хоол идэх гэж ярьдаг.

Унд гэдэг нь цай, хярам, сүү, айраг зэргийг заадаг юм. Ундны гол юм нь цай. Цай нь сүүтэй ба хар цай байна. Сүүтэй цайнд ус, сүү, хуурай цай, давс, шар тос (жич, хийцтэй цай хийвэл дээр нь гурил, будаа) зэрэг олон зүйл ордог бол хар цайг ус, давс, хуурай цай хийж болгодог. Харин усан дээр сүү хийж буцалгавал хярам болдог. Бас давс хийж болно. Хярмыг голдуу хүүхдүүд уудаг.

Монгол хүн нэг, хоёрдугаар хоол гэж тус туст нь ялган хийж олон аяга, таваг хэрэглэдэггүй. Хоол нь олон янз байна. Жишээлбэл, гурилтай шөл, бүхэл мах, бууз, хуушуур, цуйван, гурил гэх мэт.

Монголчуудын хамгийн их иддэг хоол бол "гурилтай шөл" юм. "Гурилтай шөл" хийхэд эхлээд махыг жижиг хөшиглөн усанд хийж буцалгана. Тэгээд гурилыг усаар зуурч хавтгайлан элдээд нарийн нарийн хэрчиж, буцалж байгаа шөлөн дээрээ хийж дахин буцалгаад, давс, сонгино хийнэ. Ингээд л хоол бэлэн болж, хүн бүрт аяга аяганд нь хийж өгнө.

11.5 生词 (Шинэ үгс)

аялал	（名）旅行	хөшиглөх	（动）切
магадгүй	（副）也许	зуурах	（动）搅和，揉和
онгойх	（动）敞开，张开	хавтгайлах	（动）压扁，打平
ашгүй	（形·副）挺好的，相当好的，那就好	сонгино	（名）葱
		зөвшөөрөл	（名）允许，批准
тухтай	（形）安逸的，舒服的	зээлэх	（动）借，贷
айлтгах	（动）禀告，上报	хоёулаа	（数）两个，两人，俩
бохирдох	（动）变脏，遭受污染	алдар	（名）尊姓，大名，名声，名誉
дэглэм	（名）规矩，规章，制度	онц	（形）特别的，特殊的，优秀的
ундаа (н)	（名）饮料，饮品		
зохицуулах	（动）调整，调和	наадам	（名）那达慕，游艺
хярам	（名）淡乳，掺了水的奶	цэрэг	（名）军队，军人，军事
давс (н)	（名）盐	дуулах	（动）唱歌，听说
жич	（连）除此之外，也（是），又（是）	Дэлгэр	（人名）德力格尔
		Лувсан	（人名）鲁布桑
хийц	（名）掺加物，添加剂	ихэд	（副）很，非常
гурил	（名）面，面粉	мэдээ	（名）消息，新闻
будаа (н)	（名）大米	ноднин	（名）去年
буцалгах	（动）煮沸，烧开	ердөө	（副）一般，总之，根本
ялгах	（动）区分	элдэх	（动）揉
бүхэл	（形）整个的，完整的	цуйван	（名）炒饼
хэрчих	（动）切，切碎		

11.6 练习 (Дасгал)

11.6.1 把下列句子译成汉语，注意关联动词的用法。

1. Дорж, "Би багштай уулзмаар байна" гэж хэллээ.

2. Аав, "Миний найз маргааш очно" гэж бичжээ.

3. Би тантай хамт хөдөө явах гэж ирлээ.

4. Дүү захидал явуулах гэж шуудан руу явлаа.

5. Би одоо номын сан руу явах гэж байна.

6. Намайг очиход Дорж гэрээсээ гарах гэж байлаа.

7. Ийм хүнийг зохиолч гэнэ.

8. Тао Фүгийн эцэг эх өмнө зүгийн нутгаас Бээжинд ирсэн гэнэ.

9. Бид үдийн хоол идэх гэж гуанзанд орлоо.

10. Дулмаа Оюунтай хамт хичээлээ давтах гэж гэрт нь очив.

11. Нэг оюутан тэр үгийг самбар дээр бичих гэж босов.

12. Ах маргааш ирнэ гээд явлаа.

13. Ээж дэлгүүрт очиж талх аваад ирье гэлээ.

14. Батын дүү өнөөдөр энд ирж надтай уулзана гэсэн.

15. Номын дэлгүүрт олон сайхан шинэ ном гарч байна гэнэ.

16. Манай багш тэр байшинд суудаг гэнэ.

17. Хурал 9 цагт эхэлнэ гээд 8 цаг хагаст гэрээсээ гарав.

18. Би үүнийг чамаас асуух гэж ирлээ.

11.6.2 填入带适当后缀的关联动词。

1. Ван Хуа хот орно ＿＿＿＿＿ явлаа.

2. Ли Хун эмнэлэгт очиж өвчтөнийг эргээд ирье ＿＿＿＿＿.

3. Явах цаг болоогүй ＿＿＿＿＿ яарсангүй.

4. Дорж өчигдөр Хувьсгалын музейг үзсэн ＿＿＿＿＿.

5. Хорлоо Улаанбаатарт суудаг болсон ＿＿＿＿＿.

6. Зун болоход тэнгэр дуугаран их бороо ордог ＿＿＿＿＿ хэн хэлэв?

7. Ийм хүнийг тамирчин ＿＿＿＿＿.

8. Ном бичиг зохиодог хүнийг зохиолч ＿＿＿＿＿.

9. Дугуй чинь эвдэрсэн үү? ＿＿＿＿＿ тэр хүн асуув.

10. Нэг өдөр манай нутгийн Чулуун ＿＿＿＿＿ залуу ирж надтай уулзав.

11. Ингэж хэлэхийг буруу ＿＿＿＿＿ болохгүй байхаа.

12. Бат аа, чиний энэ чинь буруу санал ＿＿＿＿＿ нэг хүн чанга дуугаар хэлэв.

13. "Гэр бүл" ＿＿＿＿＿ романыг уншив уу?

14. Би чамайг үзэгдэхгүй болохоор юу болчихсон юм бол ＿＿＿＿＿ ирлээ. Чамайг найз ＿＿＿＿＿ үзнэ.

11.6.3 填入人称反身后缀。

1. Би хоёр дүүтэй. Нэг ＿＿＿＿＿ оюутан, нөгөө ＿＿＿＿＿ сурагч.

2. Миний найз Шанхайд суудаг. Харин эхнэр ＿＿＿＿＿ Наньжинд ажилладаг юм.

3. Оюун, Цэцэг эгч дүү хоёр юм. Эгч _____ 11 настай. Дүү _____ 8 настай.
4. Сүрэн энд байхгүй. Та гэрт _____ очиж уулзахгүй юү?
5. Манайх гэр бүлээрээ малчин. Би үхэрчин. Аав _____ хоньчин. Ээж _____ саальчин.
6. Өчигдөр би танай гэрт очсон. Чи байсангүй. Ахтай _____ ярьж суулаа.
7. Хүү _____ сайн яваад ирэв үү гэж өвгөн Лувсан хүүдээ хэлжээ.
8. Миний найз Баатар хичээлээ бичиж сууна. Дэргэд _____ Сүх зогсож байна.
9. Алив хүүгийн _____ үзье гэж эмч тэр бүсгүйд хэлэв.
10. Ганбат англи хэл муу сурч байна. Ангийнхан _____ түүнд дандаа тусалдаг.

11.6.4 按照课文内容，回答下列问题。
1. Монгол малчин хүмүүсийн хоол хүнс ямар онцлогтойг товчхон ярьж өгнө үү?
2. Монголчууд өглөө, үдийн цай уухаа юу гэж ярьдаг вэ?
3. Унд гэдэг нь юу юу вэ?
4. Монголын цайны тухай надад ярьж өгөөч.
5. Сүүтэй цай яаж чанадгийг чи мэдэх үү?
6. Хүүхдүүдийн уудаг хярмыг яаж хийдэг вэ?
7. Монгол хүн хоол идэхдээ олон аяга, таваг хэрэглэдэг үү? Яагаад?
8. Монголчуудын хамгийн их иддэг гурилтай шөлийг яаж хийдэг вэ?

11.6.5 汉译蒙。
1. 演出的时间就要到了。
2. 讲座中并没有谈到蒙古国现在的人口状况。
3. 据说蒙古的奶食很便宜，是真的吗？
4. 奶奶让我把眼镜拿给您。
5. 据说法语是世界上最美的语言，可是我觉得母语才是最美的语言。
6. 这周末学校要举行运动会，你打算参加吗？
7. 我的朋友，祝您梦想成真！
8. 蒙古国有一部很著名的小说，叫《清澈的塔米尔河》。我打算读一读。
9. 这个暑假你打算上暑期学校吗？
10. 唉，所谓的"Email"就是电子信箱。

第 12 课

АРВАН ХОЁРДУГААР ХИЧЭЭЛ

12.1 语法
    12.1.1 关联动词Ⅱ
    12.1.2 反身规则Ⅱ
12.2 会话
12.3 课文
12.4 生词
12.5 练习

12.1 语法(Хэлзүй)

12.1.1 关联动词Ⅱ(Холбох үйл үг Ⅱ)

关联动词的形态变化十分丰富。它可以附加形动词的多种后缀，并可变格。也可以附加副动词的多种后缀用于句中。常见的形式有：

1. гэхэд

"Чи маргааш энэ номыг Батад буцааж өг" гэхэд би "За" гэж хариулсан.
(某人)说："你明天把这本书还给巴特。"我回答说："好吧。"

2. гэсэнд

Ээж нь "Миний хүү замдаа халтирч унуузай!" гэсэнд Цог "Мэдлээ" гэж хэлэв.
妈妈说："孩子，路上小心滑倒！"朝克说："知道了。"

3. гэснийг

Аавынхаа "Гэртээ захиа бичиж байгаарай" гэснийг би ямагт санаж явдаг.
我时刻记着爸爸说的"要给家里写信呀！"

4. гээд

Та нар намайг хүлээж байгаарай гээд Гаваа хурдан гүйж ирэв.

"你们等着我！"说罢,嘎瓦快跑而来。

5. гэвэл

Та галт тэргээр явъя гэвэл билет урьдчилан захиалах хэрэгтэй.
您如果打算坐火车去,需要预订车票。

6. гэтэл

Тэр хоёр кинонд явах гэтэл гадаа бороо орж эхлэв.
他们俩刚刚想去看电影,外面开始下雨了。

7. -я гэсэн юм

- Та энд юунд ирсэн бэ?　您到这儿来做什么？
- Удирдах багштайгаа уулзъя гэсэн юм.　想见见我的指导老师。

12.1.2 反身规则 II (Хамаатуулах ёс II)

无人称反身规则 (Ерөнхийд нь хамаатуулах ёс)

表示无人称反身规则的后缀是 аа, ээ, оо, өө, 按元音和谐律分别直接加在有关的词上面。带有这种后缀的词所代表的人或物属于句子的行为主体所有。

无人称反身规则的后缀可以加在主格以外的所有各个格的后面。加在属格后面时先加x, 加在共同格后面时先加г, 以гар, хөл 两词为例:

第二格	гарынхаа	хөлийнхөө
第三格	гартаа	хөлдөө
第四格	гараа, гарыгаа	хөлөө, хөлийгөө
第五格	гараасаа	хөлөөсөө
第六格	гараараа	хөлөөрөө
第七格	гартайгаа	хөлтэйгөө

看下面例句:

Гараа өргө.
举起(你的)手来!(举手!)

Би номоо уншив.
我看(自己的)书了。

Оройн зургаан цагт би хоолоо иднэ.
下午六点钟我吃(自己的)晚饭。

Тэр хоёр гэртээ харив.
他们俩回(自己的)家了。

Би дүүтэйгээ уулзлаа.
我见到了(我的)弟弟。
Ахаасаа асуусангүй.
没有问(自己的)哥哥。
Амандаа хийж болохгүй.
不可以往(自己的)嘴里放。
Би сургуулийнхаа номын сан руу байнга очдог.
我常到(我们)学校的图书馆去。
Би найзтайгаа хамт оюутны байр луу явлаа.
我和(我的)朋友朝学生宿舍走去。
Ширээнийхээ дэргэд зогсов.
站在(自己的)桌旁。
Дорж зүүн гараараа магнайгаа тулан доош харав.
道尔吉用(自己的)左手托住(自己的)前额，向下看。
Оюутнууд гар гараасаа барилцан бүжиглэж байна.
学生们手牵着手跳舞。
Та бүхэн бие биедээ туслалцах хэрэгтэй.
你们大家要互相帮助。

12.2 会话(Яриа)

12.2.1 Онигоо

Хотын төвд лектор ирж олон улсын байдлын тухай лекц уншихад сонсож суусан хүмүүс цөм л нозоорч үүрэглэцгээв. Лекцээ дуусгаад:

- Асуулт байна уу? гэхэд хэн ч дуугарсангүй. Гэтэл нэг өвгөн босч:

- Лекцийн сэдвээс гадуур юм асууж болох уу? гэхэд лектор урам орж:

- Бололгүй яахав гэхэд өвгөн:

- Миний малгайг хэн авсан бэ? гэж асуув.

Гайхсан лектор:

- Би яаж мэдэх юм бэ гэхэд

- Та л мэдэх ёстой. Энд байсан бүх хүн унтаж байхад та л ганцаараа сэрүүн байсан шүү дээ! гэж тулгажээ. Өвгөнийг унтаж байхад нь хэн нэг нь тоглоом хийж малгайг нь авч нуусан юмсанж.

12.2.2

Нараа: Ээж ээ, би ангийнхантай хамт Шанхайд явъя гэсэн юм.
Ээж: Яах гэж Шанхай явах гэж байна вэ?
Нараа: Аяллаар явна.
Ээж: Ноднин жил явъя гээд байсан чинь яагаад яваагүй билээ?
Нараа: Явах санаатай байсан боловч галт тэрэгний билетээ авч чадаагүй.
Ээж: Галт тэргээр явъя гэвэл билетээ урьдчилан захиалах хэрэгтэй.
Нараа: Харин ээ. Ээж ээ, та 1000 юань өгөөч, би билетээ урьдчилан захиалъя.
Ээж: Юу гэнээ? 1000 юань аа? Шанхай явах билет ийм үнэтэй юм уу?
Нараа: Үнэтэй биш л дээ, явах, ирэхийн хоёр талынх байхгүй юү?

12.3 课文 (Унших сэдэв)

ТООНЫ БЭЛГЭДЭЛ

Монголчууд хоёр, гурав, тав, найм, ес, арвын тоонуудыг их бэлгэшээдэг. Харин нэг, долоогийн тоог муу гэж үздэг.

Нэгийн тоо:

Нэгийг бэлгэшээдэггүй. "Ганц мод гал болдоггүй, ганц хүн айл болдоггүй" гэсэн үг байдаг. Хүнд нэг юм бэлэглэдэггүй.

Хоёрын тоо:

Хоёрын тоо бол хосыг илэрхийлдэг. Хүмүүс хосоороо амьдардаг. Бүх юм сайн муу, сайхан муухай, урт богино, өмнө хойно, хар цагаан гэх мэт хоёр талтай байдаг. Тэгэхлээр хоёрын тоо бол амьдралын чухал хууль гэж хэлж болно.

Гурвын тоо:

Монголын аман зохиолд "Ертөнцийн гурав" гэж байдаг. Ертөнцийн гуравт "Саргүй шөнө нэг харанхуй, Эрдэмгүй хүн нэг харанхуй, Хоньгүй хот нэг харанхуй" гэх мэтээр ертөнцийн үнэнийг өвөрмөц илэрхийлсэн байдаг. Эх, эцэг, үр гурав, үндэс, мөчир, нахиа гурав гэж ертөнцийн холбоог гурваар харуулдаг. Мөн Буддын шашинд гурван амьдралын (Бурхны, тамын, одоогийн энэ амьдрал) тухай өгүүлдэг. Гурвыг бэлгэддэг учраас гурван гурвын есийг бэлгэддэг.

Тавын тоо:

Таван хошуу мал, таван мэдэрхүй, таван тансаг идээ зэрэг зүйлүүдийг их эрхэмлэдэг.

Долоогийн тоо:

Долоогийн тоо хамгийн муу тоо юм. Монгол үлгэр, домогт долоон хонхор, долоон дээрэмчин, долоон хар ямаа, долоон хулгайч, долоон хожгор гэх мэт долоогийн тоотой юм, хүн эсрэг талын дүр байдаг. Монголчуудын дунд "Долоо дордож найм сэхдэг" гэсэн зүйр цэцэн үг байдаг.

Наймын тоо:

Хүндтэй найман тахил байдаг. Мөн наймыг наашлахын найм гэдэг.

Есийн тоо:

Есийн тоотой холбоотой олон зүйл байдаг. Есөн эрдэнэ (алт, мөнгө, сувд, зэс, оюу, тана, номин, шүр, ган) гэж байдаг. Хүйтний есөн ес наян нэгэн хоног (12-р сарын 22-ноос эхэлдэг), есөн мэнгэ, цацлын есөн нүх гэж байдаг. Дээр үед баячууд есөн цагаан тэмээ, есөн цагаан морь нэг нэгэндээ бэлэглэдэг байжээ. Есөн цагааны бэлэг хамгийн хүндэтгэлтэй бэлэг байжээ.

Монголчуудын хувьд тэгш, сондгой тоо их учиртай. Тэгш тоотой өдөр хурим найр хийдэг. Сондгой тоотой өдөр хүн оршуулдаг.

12.4 生词 (Шинэ үгс)

онигоо	(名)笑话	сэхэх	(动)上升,好转
нозоорох	(动)慵懒,无精打采	сувд (н)	(名)珍珠
үүрэглэцгээх	(动)昏昏欲睡	зэс	(名)红铜
гадуур	(副·形)在外面,外面的	оюу (н)	(名)绿松石
урам	(名)情绪,热情,志趣	тана (н)	(名)东珠,珍珠母
сэрүүн	(形)凉爽的,清醒的	номин	(名)绿松石
тулгах	(动)使抵触,逼迫,强迫	шүр (н)	(名)珊瑚
урьдчилах	(动)预先,事先	ган	(名)钢
бэлгэшээх	(动)视为吉兆	цацал	(名)(祭天用的)九孔勺
хууль	(名)法律,规律	нүх (н)	(名)洞
өвөрмөц	(形)独特的	хүндэтгэлтэй	(形)令人尊敬的
үндэс (н)	(名)根,基础	оршуулах	(动)殡葬,埋葬
мөчир	(名)树枝	лектор	(名)演讲人,讲师
нахиа	(名)芽	асуулт	(名)问题
тансаг	(形)精美的	өвгөн	(名)老头,老者
хонхор	(名)深洼,凹地	олон улс	(名)国际
дээрэмчин	(名)强盗,劫匪	асуух	(动)问
хожгор	(名)秃子	гайхах	(动)吃惊,惊讶
дордох	(动)恶化,变差,不足	яах	(动)怎么办,如何

第12课　АРВАН ХОЁРДУГААР ХИЧЭЭЛ

нуух	（动）隐藏,藏匿	мэдэрхүй	（名）感觉,触觉
тоглоом	（名）玩具,玩笑,傀儡	үлгэр	（名）故事,说唱
юмсанж	（语）本是,原来是	домог	（名）神话,传说
юань	（名）元	хулгайч	（名）小偷
тоо (н)	（名）数,数字	зүйр үг	（词组）谚语
хос	（名）一双,一对	цэцэн үг	（词组）格言,箴言
тэгэхлээр	（连）因此,所以	тахил	（名）供物,祭品
аман зохиол	（名）口头文学	наашлах	（动）临近,康复,好转
ертөнц	（名）宇宙,世界	эрдэнэ	（名）宝贝,宝物
харанхуй	（名·形·转）黑暗,愚昧的	мэнгэ	（名）痣,胎记
будда	（名）佛	баячууд	（名）富人们
шашин	（名）宗教	тэгш	（数）偶数的,双数的
там	（名）地狱,苦海	тэгш тоо	（词组）偶数,双数
бэлгэдэх	（动）预兆	сондгой тоо	（词组）奇数,单数
хошуу (н)	（名）动物的鼻面,嘴脸	найр	（名）宴会,筵席

12.5 练习（Дасгал）

12.5.1 运用反身规则,把两句话合为一句话,括号里的词要适当变格。

Үлгэр:

1. Энэ Оюуны ном. Оюун (ном) уншив.

   <u>Оюун номоо уншив.</u>

2. Энэ миний дүүгийн үзэг. Би (дүү) үзэг авлаа.

   <u>Би дүүгийнхээ үзгийг авлаа.</u>

1. Энэ эгчийн хоол. Эгч (хоол) идлээ.

2. Тэр Өлзийн дүү. Өлзий (дүү) уулзжээ.

3. Энэ Пүрэвийн багш. Пүрэв энэ номыг (багш) өглөө.

4. Энэ Долгорын дүү. Долгор Нямаагийн малгайг (дүү) өгөв.

5. Тэр миний найз. Би Батын дэвтрийг (найз) авлаа.

6. Манай хичээл 8 цагт эхэллээ. Би (хичээл) 8 цагт ирсэн.

7. Энэ Чулууны анги. Чулуун (анги) хичээлээ давтаж байна.

8. Энэ миний ах. Би (ах) асууя.

9. Миний найзын хүү Ганбат гэртээ харья гэсэн. Ганбат надаар (гэр) хүргүүлж явлаа.

10. Энэ миний дугуй. Би (дугуй) ажилдаа явлаа.

12.5.2 把下列句子译成汉语。

1. Монгол Улсын эдийн засгийн чухал салбарын нэг бол мал аж ахуй юм.

2. Төлийн дуу түмний баясгалан гэдэг. Төлөөр мал өснө.

3. Өдөр улам улам урт болж, нарны илч хурцаар шарах болов.

4. Цэцэг ногоо соёолон ургаж, хөдөө тал ногоорон харагдах болов.

5. Алс холын халуун орноос усны шувуу гангар гунгар дуугарсаар ирээд, нуур, гол мөрнүүдэд дураараа цэнгэн шумбаж байна.

6. Хэрэв хур тунадас байхгүй бол нуур, гол, мөрөн байхгүй болно.

7. Монгол орны салхи ихэвчлэн баруун хойноос салхилдаг бөгөөд хур чийг авчирдаг юм.

8. Усгүйгээр хүн амьтан, ургамал амьдарч чадахгүй.

12.5.3 选择填空。

чиний, таны, миний, минь, чинь, нь, аа, ээ, оо, өө

1. Дангаагийн гэр бүл сайхан цэцэрлэгтэй. Бид цэцэрлэгт _____ их дуртай.

2. - Сараа, энэ _____ номууд мөн үү?
   - Үгүй, _____ номууд биш. Номууд _____ тэнд байна.

3. Цэрэн энэ өглөө гэрт _____ байсангүй.

4. Бат _____, хоол _____ идээд шөл _____ уугаарай.

5. Энэ номоос _____ уншиж болох уу?

6. _____ нэр хэн бэ?

12.5.4 在横线上填写关联动词的适当后缀。

1. Эрт урьд цагт нэгэн гаслант явдал гарч гэ_____.

2. Намайг Баатар гэ_____.

3. Сайн байна уу? Сонин сайхан юу байна? гэ_____.

4. Би явах гэ_____ юм.

5. Өнөө оройн гэрийн даалгавраа хийгээрэй гэ_____ ээж хэлэв.

12.5.5 根据课文内容,判断正误。

1. Монголчууд нэг юм хүнд бэлэглэдэг. (а.тийм б. үгүй)

2. Бүх юм хоёр талтай байдаг. (а.тийм б. үгүй)

3. Гурван гурвын есийг сайн тоо гэж бэлгэшээдэг. (а.тийм б. үгүй)

4. Долоогийн тоог бэлгэшээдэггүй. (а.тийм б. үгүй)

5. Цацал найман нүхтэй. (а.тийм б. үгүй)

6. Монголчуудын хувьд тэгш сондгой тоо ялгаагүй. (а.тийм б. үгүй)

第12课　АРВАН ХОЁРДУГААР ХИЧЭЭЛ

7. Есөн цагааны бэлэг хамгийн хүндэтгэлтэй бэлэг байжээ. (а.тийм　б. үгүй)

8. Тэгш тоотой өдөр хурим найр хийдэг. (а.тийм　б. үгүй)

9. Сондгой тоотой өдөр хүн оршуулдаг. (а.тийм　б. үгүй)

10. Найман эрдэнэ гэж байдаг. (а.тийм　б. үгүй)

12.5.6 汉译蒙。

1. 我们时刻都要铭记周总理的话："为中华的崛起而读书。"
2. 要是你说不去的话，我们也不参加这次活动了。
3. 我就是想亲眼看看这位明星，所以花高价买了(他的)演唱会的票。
4. 苏伦总是对别人说要守时，可是自己总是迟到。
5. 乌兰巴托是个有300多年历史的城市。但是在城市建设方面，还是个年轻的城市。
6. 额尔德尼终于见到了多年未见的母亲，情不自禁地流下了眼泪。
7. 不要把手放在嘴里。
8. "今天应该不会下雨吧？"巴特正说着，外面下起雨来。
9. 你说昨天要去图书馆，怎么没去呢？我一直等你到图书馆闭馆。
10. ——你说的那本书，我怎么没看过？
　　——那我怎么知道呢？

第 13 课

АРВАН ГУРАВДУГААР ХИЧЭЭЛ

> 13.1 语法
>   13.1.1 表示原因的常用格式
>   13.1.2 表示递进的常用格式
>   13.1.3 表示目的的常用格式
> 13.2 句型
> 13.3 会话
> 13.4 课文
> 13.5 生词
> 13.6 练习

13.1 语法（Хэлзүй）

蒙古语里表示因果、递进、目的、条件、转折等关系，通常运用格的变化和名词、形动词、形容词等与后置词连用的语法形式。分述如下：

13.1.1 表示原因的常用格式（Учир шалтгааныг илтгэх арга）

  1. 名词、形容词、形动词+учир(учраас)

Зэгсэн дундуур машин явж болохгүй учраас бид урамгүй буцаж ирэв.
汽车不能在蒲草丛中行走，所以我们扫兴地回来了。

  2. -ын ачаар

Очир хээр морины ачаар дээрэмчний гараас гарчээ.
奥其尔多亏枣骝马跑得快才逃出强盗之手。

  3. 主格名词、形容词、形动词+болохоор

Ийм үг хэлнэ гэж огт бодоогүй болохоор Баярын дотор гэнэт палхийжээ.
巴雅尔根本没想到他会说这样的话，不禁心里一惊。

4. -аас болж ...

Чамаас болж би хоцров. 因为你我迟到了。

5. 形动词（主格）+тул（多用于书面语）

Тэндэхийн ажил дууссан тул ажилчид өөр газарт шилжив. 那里的工作结束了，工人们转移到别的地方了。

13.1.2 表示递进的常用格式（Ахиулах утгыг илтгэх арга）

1. ...-аар барахгүй ...（不仅……，而且……）

Би энэ шүлгийг уншсанаар барахгүй, цээжилчихсэн шүү.
我不仅读了这首诗，还背了下来。

2. ... төдийгүй ...（不但……，还……）

Тэр үүргээ биелүүлсэн төдийгүй, бусдад тусалж байдаг.
他不但完成了自己的任务，还经常帮助他人。

3. ... -х тутам ...（越来越……），如：

Амьдрал маань өдөр ирэх тутам сайжирч байна. 我们的生活一天比一天好了。

4. Хэдий ... бол төдий ...（越……越……），如：

Хэдий түргэн бол төдий сайн. 越快越好。

13.1.3 表示目的的常用格式（Зорилгыг илтгэх арга）

1. -хын төлөө（为了……）

Оюутнууд шалгалтаа амжилттай өгөхийн төлөө шамдан бэлтгэж байна.
学生们为了顺利通过考试，正积极准备。

2. -хаар（为了）

Хичээлд дур сонирхолтой, идэвх анхааралтай суралцдаг болгохоор багш нар уйгагүй ажиллах ёстой. 为了使学生对课程感兴趣，积极认真地学习，老师应该孜孜不倦地工作。

3. -хын тул（тулд）（为了），多用于书面语。

Бид их юм сурахын тул сургуульд орсон. 我们进学校是为了学到很多东西。

4. 属格名词+төлөө（为了，为）

Аз жаргалтай, сайн сайхан амьдралын төлөө чармайн ажиллацгаая! （让我们）为了幸福美好的生活而努力工作。

13.2 句型（Загвар）

13.2.1

Би энэ номыг уншаагүй учир түүний тухай танд юу ч хэлж чадахгүй.

Би өнөөдөр хичээлгүй учир номын санд очиж ном уншив.

Хурал эхэлсэн учраас гар утсаа унтраах ёстой.

Зам түгжрээд байсан учир би хурлаас хоцорсон юм.

Би сонирхолтой, инээдэмтэй юм уншиж байгаа учир инээгээд гарлаа.

13.2.2

Таны өгөөмөр тусын ачаар бид бэрхийг давлаа.

Улсаас хайр халамж тавьсны ачаар бидний суралцах нөхцөл байдал их сайжирч байна.

13.2.3

Цонх хаалттай болохоор ангид их халуун байна.

Гэрт их халуун байсан болохоор цонхоо нээсэн.

Илтгэгч өвдсөн болохоор хурал болсонгүй.

13.2.4

Бороо орсноос болж бид явж чадсангүй.

Тамхи татдгаас болж олон хүн өмөн үү өвчин тусч байна.

13.2.5

Миний эцэг Германаас ирсэн тул би ойрдоо их завгүй байна.

Галт тэрэг 5 цагт ирэх тул хурдан явах хэрэгтэй.

13.2.6

- Энэ залуу эхнэртэй юу?
- Эхнэртэйгээр барахгүй хүүхэдтэй.
- Та Цогоог таних уу?
- Танихаар барахгүй бид хоёр сайн найз.
- Хоолонд давс хийж үү?
- Хийснээр барахгүй шорвог болчихжээ.
- Цэрэн өнөөдөр ирэхгүй юу?

第13课 АРВАН ГУРАВДУГААР ХИЧЭЭЛ

- Өнөөдрөөр барахгүй маргааш ч ирэхгүй.
- Чи Монголд очиж үзсэн үү?
- Би Монголд очиж үзснээр барахгүй 4 жил Монголд амьдарсан.
- Хичээл эхлэх цаг болов уу?
- Хичээл эхлэх цаг болсноор барахгүй өнгөрч байна.

13.2.7

Тэр надад их зүйл зааж өгсөн төдийгүй, мөн олон хүнтэй танилцуулсан.

Тэр өөрийн хоолны мөнгө төдийгүй, бидний хийг ч төлсөн юм.

Та монголчуудыг сайн ойлгохын тулд зөвхөн Улаанбаатарт төдийгүй, орон нутагт амьдрах хэрэгтэй.

13.2.8

Түүнийг энэ тухай ярих тутам би буруутай гэдгээ улам илүү ойлгодог.

Өдөр ирэх тутам шинэ юм мэдэгдэх болсон нь Сүхээг маш баярлуулжээ.

Сэтгэл баясах тутам бүүр ч юм ярьж чадахаа больчихов.

13.2.9

Эл зүйл тарвас хэдий том бол төдий амттай.

13.2.10

Дүүгийнхээ төлөө Дорж 16 настайдаа ажиллаж эхэлсэн.

Туранхай болохын төлөө тэр тураах төвд хичээллэж эхэллээ.

Барилгачид энэ байшинг ойн өмнө дуусгахаар өдөр шөнөгүй ажиллаж байна.

Тэр шалгалтанд унахгүйн тулд шургуу ажилласан.

 ## 13.3 会话(Яриа)

13.3.1

Сараа: Энэ борооноос болоод бид хоёр концертоо сайхан үзэж чадсангүй.

Нараа: Би л "концерт хамт үзье" гээд чамайг ажил хийлгэсэнгүй. Надаас л боллоо, уучлаарай!

Сараа: Чамаас боллоо гэж би огт бодохгүй л байна. Би өөрөө концерт үзэх дуртай байсан юм, чиний ачаар дандаа концерт үздэг байсан. Харин миний хувьд өнөөдөр ажил бүтдэггүй өдөр байна. Өглөө бас

	автобуснаас болоод хичээлээсээ хоцорсон.
Нараа:	Заримдаа тэгдэг юм. Тэр ч яах вэ дээ! Харин одоо би дүүдээ санаа зовж байна. Дүү минь юм сурах дургүй болоод байна.
Сараа:	Яагаад? Шинээр орсон сургууль нь тийм сайн биш үү?
Нараа:	Ер нь их сайн сургууль юм билээ, манай аав ээж дүүгийн минь төлөө энд нүүж ирсэн шүү.
Сараа:	Чиний дүү шинэ орчинд жаахан дасахгүй байгаа байх, аажмаар сайжирна шүү, битгий санаа зов.
Нараа:	Аа, тийм байж магадгүй.

13.3.2

Багш:	За, хичээлдээ оръё. Эхлээд өчигдрийн даалгаварт өгсөн өгүүлбэрээ ярилцъя. Болд зохиосон өгүүлбэрээ унш даа.
Болд:	Уучлаарай багш аа. Би одоо бичих гэж байна. Одоохон.
Багш:	Чи өчигдөр орой юугаа хийсэн юм бэ?
Болд:	Үнэнээ хэлэхэд, өгүүлбэр зохиох гэж байсан боловч хөл бөмбөгийн тэмцээн үзэж суугаад завдсангүй. Намайг уучлаарай.
Багш:	Тэгээд тэмцээн үзэхээр хичээл номоо мартчихдаг юм уу?
Болд :	Ммм..., үгүй л дээ.
Хулан:	Багш аа, манай Болд хөл бөмбөг гэвэл хамаг юмаа, өөрийгөө ч мартчихдаг юм. Хоол идэхгүй, зөвхөн ус уугаад л, суугаад л, хашгираад л байх нь тэр.
Багш:	За, тийм байдаг нь хэцүү юм байна даа.

13.4 课文 (Унших сэдэв)

ӨНГӨНИЙ БЭЛГЭДЭЛ

Монгол ёс заншилд өнгө их чухал. Ямар нэг ёслолд оролцох, хувцас хийж өмсөх, хүнд бэлэг өгөх зэрэгт өнгийг их анхаардаг. Үндсэн өнгөнүүдээс цагаан, хөх, улаан, шар, ногоон, хар өнгийг бэлэгшээж иржээ. Эдгээр өнгөнүүдээс цагаан өнгийг илүү бэлэгшээдэг.

Цагаан өнгө бол сайн сайхан, ариун нандин бүхний бэлгэ тэмдэг болдог. Сүү, цагаан идээ бол дээд идээ юм. Хүний сайхан сэтгэлийг цайлган цагаан гэж үздэг. Эрт дээр цагт монголчууд цагаан сараар цагаан хувцас өмсч, цагаан морь унаж, цагаан хоол иддэг байжээ. Энэ нь шинэ оноо аз жаргалтай сайхан он байхыг бэлгэдэж байгаа хэрэг юм. Шинэ оны эхний сарыг цагаан сар гэж нэрлэдэг. Цагаан өнгөтэй юм хүнд бэлэглэх хамгийн сайн.

Улаан өнгө бол гал голомтын бэлгэдэл. Улаан өнгө халуун дулаан, хүч чадал, хайрын өнгө юм. Жаргалтай хүний хацар улаан гэж ярилцдаг.

Шар өнгө бол лам нарын дээдэлдэг өнгө юм. Энэ өнгө нь багш шавийн хоорондох харилцааны бэлгэ тэмдэг юм. Шавь нь багшдаа шар өнгийн хадаг барьдаг.

Ногоон өнгө бол газар дэлхий, өвс ногоо, ой модыг бэлгэддэг. Мөн өсөн үржихийг бэлгэддэг.

Хөх өнгө бол тэнгэрийн өнгө болохоор монголчууд шүтдэг. Тэнгэр цэлмэг, мөнх настай учраас улсаа тийм байгаасай гэж хүсч "Хөх Монгол" гэж нэрлэсэн түүхтэй.

Хар өнгө бол гашуудал, муу муухайн илэрхийлэл юм. Хар санаа, хар сэтгэл, хардлага гэж хэлдэг. Гэхдээ ердийн амьдралд хар өнгийг бас дандаа муу муухай гэж үзэж байсангүй. Энгийн хүнийг лам хүнээс ялгахын тулд хар хүн гэж хэлдэг. Мөн гэрийн эзнийг хар хүн гэж хэлдэг нь муу гэсэн үг биш юм. Хар өнгийн юм хүнд бэлэглэдэггүй. Бэлэглэх хэрэгтэй бол дээр нь цагаан юм тавьж өгдөг.

13.5 生词（Шинэ үгс）

учир	（名）情况,原因	аажмаар	（副）慢慢地,逐渐地
түгжрэх	（动）关上,封住,塞住	оройжин	（副）整晚
инээдэмтэй	（形）可笑的,滑稽的	завдах	（动）准备,打算,计划
өгөөмөр	（形）丰富的,富裕的	хамаг	（形）所有的,全部的
бэрх	（形）困难的,艰巨的	хашгирах	（动）喊
давах	（动）越过	бэлгэ	（名）征兆
илтгэгч	（名）报告者,演说者	бэлгэдэх	（动）预示着
өмөн	（名）毒瘤,癌	голомт	（名）炉灶
үү	（名）瘊子,肉赘	чадал	（名）能力
барахгүй	（连）不完,不尽,不结束,不仅	хацар	（名）脸颊
шорвог	（形）咸的,过咸的	дээдлэх	（动）看重,器重,尊重
төдийгүй	（连）不仅	шавь	（名）弟子,徒弟,学生
тарвас	（名）西瓜	үржих	（动）繁殖,增多,扩大
тураах	（动）使变瘦	шүтэх	（动）信仰,相信
барилгачин	（名）建筑工人	гашуудал	（名）苦难
шургуу	（形）倔强的,顽强的	хардлага	（名）醋心,嫉妒,怀疑
орчин	（名）周遭,环境	хайр	（名）爱惜,怜惜
дасах	（动）习惯	халамж	（名）关心,关怀

нөхцөл	（名）因素，条件	цайлган	（形）善良的，慈善的
байдал	（名）情况，状况	цагаан хоол	（名）素食
хаалттай	（形）关着的，闭锁的	гал	（名）火
Сүхээ	（人名）苏海	хүч(н)	（名）力，力量
баясах	（动）喜悦，高兴	шар	（形）黄色的
эл	（代）这，这个	хооронд	（后·副）在……之间
хичээллэх	（动）上课	харилцаа(н)	（名）关系
унах	（动）落下，跌落	ой(н)	（名）林，树林
бүтэх	（动）实现，完成	өсөх	（动）生长，成长，增长
санаа зовох	（词组）担心	хөх	（形）蓝色的
ёслол	（名）仪式，礼仪	илэрхийлэл	（名）表示
тэмдэг	（名）特征，标志	хар хүн	（名）俗人，非宗教的人，平民
дээд	（形）高等的，高级的	ердийн	（形）一般的，普通的

13.6 练习（Дасгал）

13.6.1 请用表示原因的常用格式连接下列句子。

1. Би хятад хэл мэдэхгүй. Тэгээд түүний яриаг ойлгоогүй.
2. Тэр идэвхтэй суралцаж байсан. Тэгээд их сургуулийн элсэлтийн шалгалтаа сайн өгчээ.
3. Шалгалт дөхөж байгаа. Тэгээд хүүхдүүд хичээлээ давтаад завгүй байна.
4. Чэн Лимэн гадаад танилтай болж, англи хэлээ сайжруулах ихээхэн сонирхолтой байсан. Тэгээд Дэвидийн хажууд очиж яриа өдөөж эхлэв.
5. Тэр өчигдөр бороонд даарсан. Тэгээд ханиад хүрчээ.
6. Түүний суусан машин мөргөлджээ. Тэгээд түүний тархи нь хөдөлж, толгой нь өвджээ.
7. Бат тэр газрыг үзмээр байсан ч олон хүн тэнд байсан. Тэгээд Бат үзэж чадсангүй.

13.6.2 请用表示目的的常用格式连接下列句子。

1. Монгол хэлний дадлага хийнэ. Оюутнууд Монгол руу явах гэж байна.
2. Талх авна. Би дэлгүүр лүү явж байна.
3. Амарна. Хотынхон зун болгон хөдөө явдаг.
4. Ирээдүйдээ сайн ажиллаж, сайхан амьдарна. Залуучууд шамдан суралцдаг.
5. Эрүүл болно. Хүмүүс биеийн тамир хийдэг.

13.6.3 请用表示递进的常用格式连接下列句子。

1. Би англиар ярьдаг. Би бас монголоор ярьдаг.
2. Бат талх авна. Бат бас хиам авна.
3. Түүнд хятад хэлний ном хэрэгтэй. Түүнд монгол хэлний ном бас хэрэгтэй.
4. Саранчимэг сүүтэй цай уудаг. Тэр кофе бас уудаг.
5. Бээжингийн Их Сургууль бол том сургууль. Энэ сургууль бас Хятадын хамгийн нэртэй сургууль.

13.6.4 按照课文内容，回答下列问题。

1. Монгол ёс заншилд өнгө чухал үүрэгтэй юу?
2. Цагаан өнгө юуны бэлгэ тэмдэг вэ? Ямар утгатай вэ?
3. Улаан өнгө юуны бэлгэ тэмдэг вэ? Ямар утгатай вэ?
4. Шар өнгө юуны бэлгэ тэмдэг вэ? Ямар утгатай вэ?
5. Ногоон өнгө юуны бэлгэ тэмдэг вэ? Ямар утгатай вэ?
6. Хөх өнгө юуны бэлгэ тэмдэг вэ? Ямар утгатай вэ?
7. Хар өнгө юуны бэлгэ тэмдэг вэ? Ямар утгатай вэ?
8. Ямар өнгөтэй бэлэг хүнд өгдөггүй вэ? Яагаад?
9. Та өнгөний тухай юу гэж боддог вэ?
10. Ер нь бүх оронд хувцаслалтанд өнгө чухал үүрэгтэй юу?

13.6.5 汉译蒙。

1. 托您的福，我们的工作顺利完成了。
2. 因为在听讲座，所以我关掉了手机。
3. 演出的时间快到了，所以你们得快点走。
4. 为了祖国美好的明天，几代人一直不懈地努力。
5. 他越激动越说不出话来。
6. 图雅不仅歌唱得好，还会作曲呢。
7. 老师不仅教给我们知识，还教育我们如何做人。
8. 蒙古人认为白色是奶的颜色，象征着纯洁，因此蒙古人崇尚白色。
9. 苏伦总是看电视，视力变得越来越差了。
10. 越来越多的青年人加入了党组织。

第 14 课

АРВАН ДӨРӨВДҮГЭЭР ХИЧЭЭЛ

> 14.1 语法
>   14.1.1 简单句和复合句
>   14.1.2 并列复合句
>   14.1.3 连接词
> 14.2 句型
> 14.3 会话
> 14.4 课文
> 14.5 生词
> 14.6 练习

14.1 语法（Хэлзүй）

14.1.1 简单句和复合句（Энгийн өгүүлбэр ба нийлмэл өгүүлбэр）

    由一个主谓结构组成的句子叫简单句。一个主语带有一个谓语，一个主语带有几个并列谓语，几个并列主语带有一个谓语，这三种都算一个主谓结构。简单句可以包含由词或词组充当的次要成分（定语、宾语、状语等）。如：

    Сургууль эхэллээ.   开学了。
    Ангид самбар, ширээ, сандал, шүүгээ байна.   教室里有黑板、桌子、椅子和书柜。
    Цэрмаа гал түлж, цай чанав.   策尔玛生了火，煮了茶。

    由两个或两个以上主谓结构组成的句子叫复合句。复合句有并列复合句、主从复合句、多重复合句三种。

14.1.2 并列复合句（Зэрэгцсэн нийлмэл өгүүлбэр）

    包含两个或两个以上分句，各分句之间没有主次之分，以平等的关系联接起来的复合句，称为并列复合句。

    并列复合句中非结尾分句的谓语常用并列、共同、先行、延续副动词，也可用形动词

第14课　АРВАН ДӨРӨВДҮГЭЭР ХИЧЭЭЛ

或名词,不能用时动词或动词祈使式。

并列复合句中非结尾分句的谓语如是副动词,那么由结尾分句的谓语动词的时态来决定它的时态。如:

Тэнгэр цэлмээд нар гарав.　天空变晴,太阳出来了。

Салхи үлээн үүл гарч бороо орно.　风吹过,云上来了,要下雨了。

Зоригт концерт үздэг, би кино үздэг.　朝力克经常听音乐会,我经常看电影。

Манай багш олон номтой, харин би олон дэвтэртэй.
我们老师有很多书,但我有很多本子。

Хавар болж янз бүрийн шувуу гангар гунгар донгодон гол горхийн ус хоржигнон урсана.　春天到了,百鸟争鸣,河水潺潺不息。

根据以上说明可以判断,第一句的цэлмээд实为цэлмэв。第二句的үлээн,гарч实为үлээнэ,гарна。第五句的болж实为болно,донгодон实为донгодно。

14.1.3 连接词(Холбоос)

连接两个句子或连接一个句子里并列成分的词,称为连接词。

1. 用于句首的连接词

表示如果:хэрэв

表示原因:иймд,ийм учраас,тиймээс,иймээс

表示转折:гэвч,гэтэл,гэхдээ

Хэрэв чи нэвт хардаг нүдтэйсэн бол харахсан байх даа.　如果你有一双洞察一切的眼睛,那你会看到的。

Энэ малчин эмэгтэй шургуу ажилладаг. Ийм учраас сүүлийн дөрөв таван жил төлийг бүрэн бойжуулж аймаг, сумын аварга төлчин болжээ.　这位女牧民总是如此辛勤劳动。因此,近四五年里,她的幼畜成活率为百分之百,成了全县全省育羔能手。

Өчигдөр орой манай сургуульд жүжиг гаргаж байсан. Гэвч би өөр ажилтай болчихоод үзэж чадсангүй.　昨晚我校演了戏,但是我有别的事,没有看成。

…Малын тэжээл, бусад ургамал тариалах нь зүйтэй байна. Гэхдээ эргэлтийн зохистой систем нэвтрүүлэх нь чухал.　……种植饲料作物和其他作物是对的,然而必须推广合理的轮作制。

2. 用于句中的连接词

表示并列:ба,болон,бөгөөд,буюу

муур ба нохой　猫与狗

ангийн болон үндэсний чөлөөлөх тэмцэл　阶级斗争和民族解放斗争

Бид их бөгөөд нарийн түвэгтэй ажил хийх хэрэгтэй болж байна.　我们必须进行

大量而又复杂的工作。

Маргааш буюу нөгөөдөр заавал манайд ирж бүртгүүлээрэй. 明天或者后天一定要到我们这儿登记。

ба, болон, бөгөөд一般只出现于书面语，口语里通常用语气停顿或数词来表示。如："хонь ба ямааны ноос"（绵羊毛和山羊毛），口语里说："хонь, ямааны ноос"。Бурмаа бид хоёр(布日玛和我)。

бөгөөд有"兼任"之意, ба, болон没有, 如："дээд сургуулийн захирал бөгөөд намын хорооны нарийн бичгийн дарга"学院院长兼党委书记。

14.2 句型（Загвар）

Хэрэв та захиагаа одоо явуулбал тэр 2 өдрийн дараа түүнийг авна.
Хэрэв чи маргааш их дэлгүүрт очвол надад 1 кило цөцгийн тос аваарай.
Хэрэв чи ирж чадахгүйд хүрвэл над руу цаг тухайд нь утсаар яриарай.

14.3 会话（Яриа）

14.3.1

Дэлгэр: Жаргал аа, сайн байна уу? Чи хаашаа яараа вэ?

Жаргал: Хүүе, сайн уу? Би чам руу очъё гээд явж байна. 2 цагийн галт тэрэгнээс хоцрох шахаад гүйж явна. Явахын өмнө чамаас зээлж авсан ном ба зургийн аппаратыг буцааж өгье. Хэрвээ чамтай энд дайралдаагүй бол би танайх руу явчих нь байна шүү. Тэгвэл би аргагүй галт тэрэгнээс хоцорно. Ямар азаар чамтай уулзав аа!

Дэлгэр: "Сайн хүн санаагаараа" гэдэг шүү дээ! Тэгээд л тэр байхгүй юү?

Жаргал: Би өглөөнөөс хойш тун их сандарч явна. Өглөө унтчихаад хичээлээсээ хоцорсон бөгөөд найзтайгаа болзооноос бас хоцрох шахсан.

Дэлгэр: Хэн ч гэсэн зарим өдөр тэгдэг шүү дээ. За, ном ба аппаратаа алив, бушуухан яваач, замдаа сайн яваарай!

14.3.2

Ким: Бат аа, найз минь, зав хэр байна вэ? Завтай бол хэдэн юм асуумаар байна.

第14课 АРВАН ДӨРӨВДҮГЭЭР ХИЧЭЭЛ

Бат: Тэг, тэг, би одоохондоо завтай байна.

Ким: Би хөдөө явах санаатай байна. Гэхдээ хэзээ явбал дээр вэ?

Бат: Зун буюу намар явбал сайхан даа. Дулаан цагт явбал сайхан байхгүй юү? Гэхдээ чи өөрөө л мэдэх хэрэг.

Ким: За, тэгээд хөдөө явлаа гэхэд юу юу бэлдэх вэ?

Бат: Дулаан хувцас, борооны цув, ойр зуурын эм, нолийн цаас, хуурай хүнс хэрэгтэй шүү дээ. Хөдөөний хүмүүсийн хоол хүнс жаахан өөр шүү.

Ким: Бас нэг асуулт байгаа. Хөдөөний айлд юу, ямар бэлэг өгвөл дээр вэ?

Бат: Чихэр, боов, сааль сүү хийх сав өгвөл сайхан бэлэг болно. Хэрэв жаал хүүхэдтэй айлд очвол чихэр, шоколад бэлэглэвэл бүр сайн.

Ким: За, мэдлээ. Хөдөө айлд шууд хэлэхгүй очиж болох уу?

Бат: Бололгүй яахав, монголчууд шууд л бие биедээ зочилдог улсууд.

Ким: Морь унаж болох уу?

Бат: Болно, харин номхон морь унахгүй бол унаж бэртэх аюултай шүү.

Ким: За, ойлголоо. Цаг зав гаргасанд их баярлалаа.

Бат: Зүгээр, зүгээр, өөр асуух зүйл байвал асуугаарай.

14.4 课文 (Унших сэдэв)

МОНГОЛ БИЧИГ, ҮСГИЙН ТҮҮХ

Монголчуудын өвөг дээдэс анх дээсэн бичиг хэрэглэж байжээ. Дээсийг янз бүрээр зангидан дохио болгон харилцаж байв. Чулуу, модон дээр янз бүрийн дүрс сийлж, санаагаа илэрхийлж байв. Хожим дүрсүүд нь авиа тэмдэглэх үсэг болтлоо хөгжжээ.

Чингис хаан Тататунгаа гэдэг хүнийг урин авчирч уйгаржин бичгээс үндэслэсэн монгол бичиг зохиолгож, төрийн бичиг болгон хэрэглэж байв. Хубилай хаан Пагва гэдэг ламаар дөрвөлжин бичиг зохиолгож, 1269 онд зарлиг гарган төрийн албан ёсны бичиг болгожээ. Сургуулиуд байгуулж, дөрвөлжин бичгийг хүмүүст зааж байсан боловч зөвхөн хааны ордныхны хүрээнээс гарч чадаагүй учраас аажмаар мартагджээ. 1648 онд Намхайжамц гэдэг хүн уйгаржин бичигт тулгуурлан тод үсгийг зохиосон байна. "Тод" гэж нэрлэсний учир нь уйгаржин бичигт адил үсгээр тэмдэглэгддэг авиануудыг цэг, тэмдэг ашиглан ялгаж тодорхой болгосон явдал юм.

Монгол улсад 1921 онд хувьсгал ялсны дараа төрөөс бүх хүмүүсийг монгол бичиг, үсэгт сургах ажлыг зохион байгуулж эхэлжээ. 1925 онд хүмүүсийг бичиг үсэгт сургах тусгай хороо байгуулагдаж, олон сургууль байгуулжээ. 1930 онд латин үсгийг туршилтын журмаар авч хэрэглэсэн боловч тэр үед өргөн дэлгэрч чадаагүй юм. 1941 оны 3-р сарын 25-нд монгол бичгийг кирилл үсгээр солих албан ёсны шийдвэр гарчээ. 1945 оны 5-р сарын 8-ны тогтоолоор бүх хэвлэл, төрийн хэргийг шинэ үсгээр явуулах болжээ. Шинэ үсэг заах ажил эрчимтэй явагдаж, 1957 оны эцэс гэхэд бүх хүмүүсийн 93,4% (хувь) нь бичиг үсэгтэй болсон байна.

Одоогоор манай улсын Өвөр Монголд хэрэглэгдэж буй монгол бичиг нь даруй уйгаржин монгол бичгийг удаан хугацаагаар боловсруулан сайжруулсаар ирсэн бичиг үсэг мөн болно.

14.5 生词（Шинэ үгс）

кило	（量）公斤,千克	тун	（副）很,十分
цөцгийн тос	（词组）黄油	сандрах	（动）慌张,急切
зээлэх	（动）借,贷	болзоо(н)	（动）约定,约会
зургийн аппарат	（词组）照相机	зарим	（代）某些,有些,一部分
нолийн цаас	（词组）卫生纸	бэлдэх	（动）准备
шоколад	（名）巧克力	цув(н)	（名）雨衣
өвөг дээдэс	（词组）祖先,先辈	ойр зуур	（词组）附近,近日,近期
дээс(н)	（名）绳子	зочлох	（动）做客
зангидах	（动）打结,系上	бэртэх	（动）受伤
сийлэх	（动）雕刻,刻	аюул	（名）危险
тулгуурлах	（动）依靠,依据,凭着	чулуу (н)	（名）石头
уйгаржин	（形）回鹘式的,畏兀儿体的	дүрс	（名）形象,造型
		хожим	（副）以后,此后
үндэслэх	（动）以……为基础,奠基,打基础	авиа(н)	（名）语音
		Кидан	（名）契丹
дөрвөлжин	（形）方形的	эрин	（名）纪元,时代
салгах	（动）使分开,使分离	зохиох	（动）创作
туршилт	（名）实验	уйгар	（名）畏兀儿
журам	（名）原则,规章	Чингис	（名）成吉思
албан ёс	（词组）官方,正式	хаан	（名）汗,大汗
шийдвэр	（名）决定,决议	Тататунгаа	（人名）塔塔统阿
тогтоол	（名）决议,规定,成规	тод үсэг	（词组）托特文字
шахах	（动）临近,迫近,挤压,逼迫	цэг	（名）点
		Намхайжамц	（人名）纳木海扎木茨
танайх	（代）你们家,您的(东西)	латин	（名）拉丁

第14课 АРВАН ДӨРӨВДҮГЭЭР ХИЧЭЭЛ

эрчимтэй	（形）有力的，大力的	удаан	（形）长久的，长期的
явагдах	（动）进行，实行	боловсруулах	（动）使成熟，使熟练
даруй	（副）立即，立刻，即，即是	сайжруулах	（动）使提高，使好转

14.6 练习（Дасгал）

14.6.1 按照课文内容，回答下列问题。

1. Монголчуудын өвөг дээдэс хамгийн анх хэрэглэж байсан бичиг юу вэ?
2. Анхны бичиг хэзээ, хэн, яаж зохиосон бэ?
3. Хэн Уйгаржин үсгээс үндэслэсэн монгол бичгийг зохиов?
4. Хэн хэнээр дөрвөлжин бичиг зохиолгосон бэ?
5. Яагаад дөрвөлжин бичиг өргөн дэлгэрч чадсангүй вэ?
6. Тод үсгийг яаж зохиосон бэ?
7. 30-аад онд монгол бичгийг латин үсгээр сольж байсан уу?
8. Шинэ үсэг заах ажил өрнүүлсний ачаар юу болсон бэ?
9. 1945 оны 5-р сарын 8-нд Монгол улсын Засгийн газраас ямар бичиг үсгийн тухай тогтоол гаргасан бэ?

14.6.2 汉译蒙。

1. 春天来了，天气暖和了，树木发芽了，鸟儿开始唱歌了。
2. 如果能像妈妈那样耐心该多好啊。
3. 如果没有老师的帮助，怎么能学到这么有用的知识呢?
4. 文学学院的院长兼党委书记道尔吉先生将于今晚为同学们做讲座。
5. 蒙古国的第一所大学，即蒙古国立大学建立于1942年，原名乔巴山国立大学。
6. 咱们可能赶不上下午5点的飞机了。
7. 远山泛绿了，夏天就要到了。
8. 我们现在还不能很好地用蒙古语表达，所以请老师帮忙翻译吧。
9. 新中国建立以后，人民的生活越来越好了。
10. 到2015年，蒙古国人口将达到300万人。

14.6.3 将下列句子译成汉语，注意并列复合句的表达方法。

1. Ер нь чи нэг өдөр хонь хариул, тэгээд Сүрмааг гэрт нь суулга. (Ц. Дамдинсүрэн: <Хэлдэг гурав хийдэг ганц>)
2. Өндөр уулыг цагаан цас хучаад шөнийн хүйтэн тас няс хийж, орой дээр одод гялтганана. (Д. Нацагдорж: <Өвөл хүйтэн, янагийн халуун>)

3. Тийнхүү үлгэр, аман зохиол бол ард түмний сэтгэл хүслийн илэрхийлэл мөн бөгөөд үлгэрч, туульч, хуурч, ерөөлч нар ардын билэгт их зохиолч нар мөн болно. (Ц. Дамдинсүрэн: <Ардын үлгэрч, хуурч, ерөөлч нар>)

4. Тэгээд өвгөний лекцийг ганц эмгэн нь сонирхдог биш, ойр хавийн нь малчид сонирхож өвгөнийг урьж лекц уншуулдаг болов. (Л.Бадарч: <Бэлчээр дээр их сургууль>)

第 15 课

АРВАН ТАВДУГААР ХИЧЭЭЛ

> 15.1 语法
>   15.1.1 主从复合句
>   15.1.2 宾语从句
>   15.1.3 定语从句
>   15.1.4 状语从句
> 15.2 会话
> 15.3 课文
> 15.4 生词
> 15.5 练习

15.1 语法（Хэлзүй）

15.1.1 主从复合句（Хавсарсан нийлмэл өгүүлбэр）

    包含两个或两个以上分句，其中有的处于主导、支配地位，有的处于从属、次要地位，这样的复合句称主从复合句。处支配地位的是主句，处从属地位的是从句，从句作主句的一个成分。

    主句的主语、谓语与简单句的一样，主语用主格，谓语由时动词、祈使式动词、形动词或带主格的名词等充当。从句的谓语由各种副动词（并列、共同、先行副动词除外）、形动词充当。从句主语如果是表示人的名词或人称代词，往往用属格或宾格，也有用从格的，其他情况下可用主格。

15.1.2 宾语从句（Тусагдахуун гишүүн өгүүлбэр）

    充当主句宾语成分的分句称为宾语从句。直接宾语从句的谓语肯定都带有宾格后缀，间接宾语从句的谓语可以是其他格。而宾语从句的主语则有三种情况：

    1. 主格形式（由表示事物、植物、动物的名词充当主语），如：

    Дэлгүүр онгойхыг| бид нилээд хүлээлээ.   我们等商店开门，等了很久。

Миний морь хаашаа явсныг| та харав уу?　您看见我的马朝哪个方向跑了吗?

2. 宾格形式（由表示人的名词和人称代词充当主语），如：

Та хоёрыг өглөө бүр энд бүжиглэж байдгийг| хүн бүхэн мэднэ.
每个人都知道你们俩每天早晨在这里跳舞。

Самдан багшийг эмнэлэгт хэвтсэнийг| би огт дуулаагүй.
我根本没听说萨姆登老师住院了。

Та нарыг уралдаанд тэргүүн байр эзэлсэнд| бид тун их баяртай байна.
我们对你们在竞赛中取得第一名感到十分高兴。

3. 属格形式（由表示人的名词和人称代词充当主语，其谓语多为及物动词）。如：

Бид| чиний монгол дуу дуулахыг| хүлээж байна шүү.
我们都在等着你唱蒙古歌呢。

Багшийн заасныг| чи бүгдийг нь ойлгосон уу?　老师教的你都懂了吗?

15.1.3 定语从句（Тодотгол гишүүн өгүүлбэр）

充当主句定语成分的分句称为定语从句。定语从句的谓语一般是形动词，而其主语则有两种情况：

1. 属格形式（表示人的名词和人称代词充当主语）。如：

Миний ахын ажилладаг| үйлдвэрт өнөө орой баярын үдэшлэг болно.
我哥哥工作的工厂今晚举行联欢会。

Даваагийн хариулсан| хонь дандаа тарга хүч сайтай байдаг.
达瓦放牧的羊总是那么肥壮。

2. 主格形式（由表示事物、植物、动物的名词充当主语）。如：

Аадар бороо орсон| газар үер болжээ.　下过暴雨的地方发生了洪灾。
Нарны гэрэл тусдаггүй| энэ өрөө их хүйтэн.　阳光照不到的这个房间非常冷。

15.1.4 状语从句（Байц гишүүн өгүүлбэр）

充当主句状语成分的分句称为状语从句。状语从句的谓语多为副动词、形动词或形动词与后置词搭配形式。而其主语也有两种情况：

1. 宾格形式（由表示人的名词和人称代词充当的主语）。如：

Доржийг өглөө явснаас хойш| өөр хүн ирээгүй.
道尔吉早晨走了以后，别人没来过。

Намайг гадагшаа явах гэж хувцаслаж байтал| цахилгаан гэрэл унтарчихлаа.
我正穿衣服准备外出，电灯灭了。

2. 主格形式（由表示事物、植物、动物的名词充当主语）。如：

Нар гарахтай зэрэг| бид цааш хөдлөв.　太阳刚刚露头，我们就动身了。

Шөнө чоно ирэхлээр| нохой хуцаж, хонь үргэлээ.　夜里狼一来，就狗叫羊惊。

Манан арилбал| онгоц ниснэ.　雾散了，飞机才会起飞。

Улаан буудай манай нутагт сайн ургадаггүй учир| тариачид тарьдаггүй.
我们家乡小麦长得不好，所以农民不种。

蒙古语有些表示"由谁发出"的动词，常要求主语为从格。这一点也可以体现在从句当中。如：

Аваасаа ирүүлсэн| илгээмжийг би шуудангаас авлаа.
我从邮局领取了爸爸寄来的包裹。

Танай сургуулиас манай сургуульд явуулсан| оюутнууд их сайн суралцаж байна.
贵校派到我校的留学生学习非常好。

Танай улсаас сэтгэл харамгүй тусламж үзүүлсэнд| бид их талархаж байна.
我们十分感谢贵国给予的无私援助。

值得注意的是，当从句的次要成分较多，意思比较复杂的时候，该从句的主语即使由人名、人称代词等来充当，也以主格形式出现。这种情况在文学作品中经常可以看到。

试看以下例句：

1. Чи урьдаар| Ленин яагаад тийм их хүчтэй болсныг| олж мэдэх хэрэгтэй. (Ц.Дамдинсүрэн: <Хүслийн тухай үлгэр>)

2. | Шинэ театрын хажууд Дэмчиг бороонд цохигдсон дэгдээхий шиг үрчийн өрвийгөөд зогсож байгааг| Должин харав. (Д.Даржаа: <Нандин сэтгэл>)

3. | Энэ хооронд Чадраа хувилгааны нэг дагуулыг буудаж амжихад| нөгөө нэг лам нь Чадрааг буудлаа. (Л.Бадарч: <Дурсгалт зураг>)

4. | Би түргэн очиж харилцуураа авбал| цаадах нь бас л Дулмаа биш. (Ч.Лодойдамба: <Манай сургуулийнхан>)

5. | Та байлдаж явсан уу гэж бид асуувал| өвгөн баясч хөгжилтэйгөөр нэг сэлмийг үзүүлэв. (Ц.Дамдинсүрэн: <Хоёулаа миний хүү>)

15.2 会话（Яриа）

15.2.1

Бат:　Чи маргаашийн аяллын талаар юу мэдэж ирэв?

Сүрэн:　Маргааш Хөвсгөл рүү явах манай захисан автобус өглөө 8 цагт явах юм байна. Замдаа Булган аймгийн төвөөр дайрч хоноглоод нөгөөдөр өглөө мөн 8 цагт цаашаа хөдлөх, Мөрөн хотод очих юм байна.

Бат: Чи нөгөө газарчнаар явах хүн олж өгнө гэсэн Дорж гуайтай уулзав уу?

Сүрэн: Дорж гуайтай утсаар ярьсан. Харин газарчнаар явах Лувсан гэдэг өвгөнтэй уулзлаа. Их сайхан зантай, хашир хүн шиг байна. Дорж гуай тэр хоёр уулзаж тохиролцсон юм байна. Маргааш өглөө шууд тээврийн товчоон дээр өөрөө яваад очно гэлээ.

Бат: За, яамай даа. Хашир түшигтэй хүн бол бүр аятай байхгүй юү! Явах унаа үзэв үү? Сайн автобус байна уу?

Сүрэн: Үзлээ. Сайхан шинэ тэрэг байна.

Бат: За, за, бараг бүх юм бэлэн болсон шүү. Чамайг байхгүй бол яана!

15.2.2

- Танай оронд ямар спорт илүү хөгжсөн бэ?
- Манайд эрийн гурван наадам сайн хөгжсөн шүү дээ.
- Эрийн гурван наадам? Юу гэсэн үг вэ?
- Бөх барилдах, сур харвах, морь уралдах гэсэн үг.
- Дандаа эрэгтэй хүний спорт юм уу?
- Үгүй, эмэгтэйчүүд оролцож болно. Харин эмэгтэйчүүд бөх барилдаж болохгүй.
- Та эрийн гурван наадмын тухай танилцуулаарай, тэгэх үү?
- Тэгэлгүй яахав, би дуртайяа танилцуулья. Эрт дээр үеэс монголчуудын эрхэмлэн тэмдэглэсээр ирсэн гол баяр ёслолын нэг нь эрийн гурван наадам юм. Энэ баяр наадмын үед эр хүний хүч самбааг сорих бөхийн барилдаан, сур харвах эрдэм, хүлэг морины хурд сорих тэмцээн тусгай ёс журмын дагуу болдог. Тусгай хувцас өмсгөл хэрэглэн, зан үйлийн хөдөлгөөн хийж, магтаал шүлэг хэлдэг байна. Энэхүү үндэсний уламжлалт баяр наадам олон зуун жилээр уламжлагдан хөгжиж ирэхдээ түүний бүрэлдэхүүн хэлбэр нь бараг өөрчлөгдсөнгүй. Харин ард түмний хүсэл эрмэлзлэлийг татсан сонирхол бүхий үндэсний баяр ёслол болж байна. Монголын эрийн гурван наадамд тусгай болзол шаарддаггүй, хэн орох гэсэн хүний хүсэлтээр чөлөөтэй оролцуулдаг. Боломжтой бол та Монголд очиж үзээрэй.
- Ёстой сүрхий юм аа. Нэг сайн сонирхон үзэх юмсан.

15.3 课文 (Унших сэдэв)

ШАНХАЙ ХОТ

Шанхай хот Хятад улсын зүүн өмнөд хэсэг Шар тэнгисийн эрэг дээр оршдог. Шанхай нь далайн зөөлөн дулаан уур амьсгалтай, зун нь их халуун, өвөл нь дулаавтар. Жилд дунджаар 1100 мм хур тунадас ордог. 6-9 дүгээр сарыг борооны улирал гэдэг бөгөөд энэ үеэр далайн хар салхины нөлөө ихэсдэг.

Хөх мөрний нэг цутгалан болох Хуанпу мөрний хоёр эрэг дээр байгуулагдсан энэ хотын баруун дүүргийг нь Пуси, зүүн дүүргийг нь Пудун гэдэг. Пудун дүүргийг 1990-ээд оны эхээр эдийн засгийн тусгай бүс болгохоор шийдвэрлэснээс хойшхи богино хугацаанд хятадын хамгийн хөгжилтэй газрын нэг болжээ. Энд "Дорнын сувд" нэртэй 468 метр өндөр телевизийн цамхаг босгосон нь өндрөөрөө Азид хоёрдугаарт, дэлхийд гуравдугаарт орж байна. Цамхаг нь нэг цагт нэг бүтэн эргэдэг. Эндээс хотын бүх дүүрэг харагддаг аж.

Шанхай нь хятадын хамгийн том аж үйлдвэрийн төвлөрсөн хот бөгөөд энд хар ба өнгөт төмөрлөг, усан онгоцны үйлдвэрлэл, цахилгаан техник, цахим компьютер, нэхмэл сүлжмэлийн ба бусад хөнгөн хүнсний үйлдвэр, гар урлал амжилттай хөгжиж байна. Сүүлийн жилүүдэд эрчимтэй хөгжин цэцэглэсэн Пудунгийн эдийн засгийн бүс нь Шанхай хотын үйлчилгээ, үйлдвэрлэл, худалдааны гол төв юм.

Шанхай хотод 2006 оны байдлаар дэлхийн 116 орны аж ахуйн нэгжийн нийт 13.8 тэрбум ам. долларын хөрөнгө оруулсан 4091 төсөл хэрэгжиж байна. Жилд гурван удаа ургац авдаг газар тариалангаас гадна ойн аж ахуйн, мал аж ахуй, шувуу, загасны аж ахуй төрөлжин хөгжсөн.

Шанхай нь Хятадын нийгэм, эдийн засгийн хөгжилд чухал байр суурь эзэлдэг бөгөөд Хятадын хүн амын 1 хувь, газар нутгийн 0,06 хувийг эзэлдэг боловч улсын төсвийн орлогын 1/8, далайн боомтын импорт, экспортын нийт хэмжээний 1/4 —ийг гүйцэтгэж байна.

Шанхай хот нь Хятаддаа төдийгүй бүс нутаг, дэлхийн хэмжээнд банк, санхүү, бизнесийн томоохон төв мөн. Өнөөдөр тус хот нь 49 орны 65 хоттой найрамдалт харилцаатай хамтран ажиллаж байна.

15.4 生词（Шинэ үгс）

хоноглох	（动）过夜,过一天	сүлжмэл	（名）编织物
хөдлөх	（动）动身,移动	хөнгөн	（形）轻的
газарчин	（名）向导,导游	үйлдвэр	（名）工厂
хашир	（形）老成的,老练的,经验丰富的	гар урлал	（词组）手工艺
		гүйцэтгэх	（动）完成,履行
товчоо (н)	（名）局,站,简述,概要,纲要,简史	хэрэглээ (н)	（动）用,使用,消费
		санхүү	（名）财务,财政,金融
түшигтэй	（形）有支柱的,有根据的,可靠的,可信赖的	орлого	（名）收入,进项
		найрамдалт	（形）友好的
бөх барилдах	（词组）摔跤	Хөвсгөл	（名）库苏古尔
сум харвах	（词组）射箭	Булган	（名）布尔干
морь уралдах	（词组）赛马	дайрах	（动）路过,攻击,进攻,侵犯
дуртайяа	（副）情愿,乐意	Мөрөн	（地名）穆仁
хүлэг	（名）好马,良驹	тохиролцох	（动）谈妥,商定
хурд (н)	（名）速度	яамай	（感）很好,不错
сорих	（动）试验,测试	эр	（名）男,男性（形）男性的,公的,雄的,阳性的
эрмэлзлэл	（名）愿望,盼望,意图,志向		
сүрхий	（形）非常的,厉害的,惊人的,严重的	бөх	（名）摔跤手
		тэгэлгүй яахав	（词组）当然,可不是
тунадас	（名）降水量	самбаа	（名）机智,能力
Хөх мөрөн	（词组）长江	барилдаан	（名）摔跤,角力
цутгалан	（名）出海口	ёс журам	（词组）惯例,规章,规矩
дүүрэг	（名）区	өмсгөл	（名）穿着,装束
эдийн засгийн тусгай бүс （词组）经济特区		шүлэг	（名）诗歌,诗篇
		бүрэлдэхүүн	（名）成分,组成,产品
телевиз	（名）电视	хэлбэр	（名）形式
цамхаг	（名）塔,塔楼	татах	（动）拉,抽,吸引
төвлөрөх	（动）向心,集中	сонирхол	（名）兴趣
төмөрлөг	（名·形）金属,铁质,金属的,类似铁的	бүхий	（形）有……的,全部的,所有的
техник	（名）技术(设备)	боломж	（名）可能,可能性
цахим	（名）电子	сүрхий	（形）厉害的,惊人的,可怕的,严重的,重大的
нэхмэл	（名）纺织品		

Шанхай	（名）上海	ам. доллар	（词组）美元
уур	（名）气,蒸气	хөрөнгө	（名）财产,资金
амьсгал	（名）呼吸,(一口)气	төсөл	（名）草案,方案
мм	（词组）(миллиметр的缩写) 毫米	хэрэгжих	（动）实现,实施
хур	（名）雨,雨露	ойн аж ахуй	（词组）林业
хар салхи	（词组）台风	нийгэм	（名）社会
мөрөн	（名）江,大河	байр суурь	（词组）地位,立场
дорно	（名）东,东方	эзлэх	（动）占,占据
метр	（名）米（长度单位）	төсөв	（名）预算
аж үйлдвэр	（词组）工业	боомт	（名）港口
усан онгоц	（词组）船舶,轮船	импорт	（名）输入,进口
цэцэглэх	（动）兴盛,繁荣	экспорт	（名）输出,出口
аж ахуй	（词组）经济	бизнес	（名）生意,商业
нэгж	（名）单位,个体	томоохон	（形）较大的
тэрбум	（数）十亿	хамтрах	（动）共同,协同

15.5 练习（Дасгал）

15.5.1 仿照例句,将下列两个句子合并为一句话。

(A)

Үлгэр:

Миний үсийг нэг үсчин зассан. Тэр үсчин энэ байна.

Миний үсийг зассан үсчин энэ байна.

1. Миний үсийг нэг авгай тайрсан. Тэр авгай бол үсчний сургуулийн багш.
2. Миний дээлийг нэг эмэгтэй хийсэн. Тэр эмэгтэй бас ямар ч europ хувцсыг хийж чадна.
3. Дулмаагийн үсийг нэг найз хүүхэн нь будаж өгсөн. Тэр найз хүүхэн нь одоохон манай тасагт ирнэ.
4. Бидний зургийг нэг зурагчин авна. Тэр бол жинхэнэ мэргэжлийн зурагчин юм.
5. Надад нэг хүн өчигдөр монгол дуу заасан. Тэр хүн чамд бас дуу заана гэнэ.
6. Надтай нэг зураач ирж уулзсан. Тэр зураачийг чи сайн танина.
7. Дулмаад нэг хүн интернетээр их гоё захиа бичдэг байсан. Тэр нь монгол хэл сайн мэддэг гадаадын хүн байсан.
8. Маргааш нэг багш бидэнд орчуулгын хичээл заана. Тэр багшаас үүнийг асуу.

（B）

例句：

Энэ эм сайн. Ингэж эмч хэлсэн.

Энэ эмийг сайн гэж эмч хэлсэн.

1. Энэ тариа танд тустай. Ингэж эмч хэллээ.
2. Тэр бөх хүчтэй. Тэгж хүмүүс ярилцдаг.
3. Тэр концерт сайхан. Ингэж үзэгчид ярьж байна.
4. Биеийн тамир эрүүл мэндэд тустай. Бид тэгж хэлсэн.
5. Та сайхан дуулдаг. Тэд нар тэгж хэлж байсан.
6. Тэр хүн спортын 1-р зэрэгтэй. Би сая мэдлээ.
7. Бат тэргүүний оюутан. Ингэж багш нар ярьдаг.
8. Морины уралдаан сонин. Монголд очсон хүмүүс ингэж ярьдаг.
9. Наран эмч сайн. Эмчлүүлсэн хүмүүс тэгж хэлдэг.
10. Тэр хүн монгол хэлэнд сайн. Ангийнхан нь ингэж ярьдаг юм.

15.5.2 朗读下列短文。

Түмэн газрын Цагаан хэрэм

Цагаан хэрэм бол Хятад улсын аугаа их, сүр хүчний бэлгэдэл, бүтээлч хөдөлмөрч зан чанарын илэрхийлэл юм. "Цагаан хэрэм дээр гараагүй бол сайн эр биш" гэсэн үг ч бий. "Цагаан хэрмийг үзээгүй бол Бээжинг үзсэн гэж ярих хэрэггүй" гэдэг үг ч бий.

Баруун зах нь Шар мөрний Линьтао буюу монголоор Хатан голын Бор тохой гэдэг газраас эхэлж дорно зүгт уул толгод, тал хээрийг туулан сүндэрлэсээр 12 мянган ли "газар" буюу 6000 км урт үргэлжилж, Ляонин мужийн Шаньхайгуань буюу Уул усны уулзвар хэмээх газарт хүрч Бөхайн тэнгист тулж дуусдаг энэ их хэрэм өнөөдөр аялал жуулчлалын онцгой сонин үзмэр болоод, гадаад, дотоодынхны сонирхлыг ихэд татдаг томоохон цогцолбор болсон юм.

Бээжин хотын хойд зүгт 70 км газарт уулсын орой дээгүүр дамнан сүндэрлэх Цагаан хэрмийн нэгээхэн хэсгийг Бадалин гэж нэрлэдэг юм. Бээжинд ирсэн гадаад, дотоодын аялагч жуулчид, зорчигчдын ирж сонирхдог гол хэсэг нь энэ билээ. Өндрөөрөө 6-8 м, өргөнөөрөө 10 м хүрдэг энэ хэрэм ялангуяа энэ хэсэгтээ маш бат бэх баригдсанаараа гайхалтай байдаг.

Энэхүү Түмэн газрын Цагаан хэрэмтэй холбоотой үлгэр, домог, дуу шүлэг, жүжиг, зохиол арвин их байдаг бөгөөд тэдгээрийн нэгээс товчхон дурдахад, хаан эзний хатуу бошго зарлигаар их хэрмийг барих ажилд дайчлагдан одоод сураггүй болсон эр нөхрийнхөө хойноос эрэн явсаар энд хүрч ирсэн Мэн Зяннюй гэгч бүсгүйн эмгэнэлт домог бий.

Ямартай ч Түмэн газрын их Цагаан хэрэм хэмээх энэ хөх тоосгон аварга том барилга, Египетийн цац суварга, Энэтхэгийн Таж махал, Ромын Амфи театр, Парижийн Эйфелийн цамхаг, Москвагийн Кремлийн адил хүн төрөлхтний агуу их бүтээн байгуулалтын гэрч болон сүндэрлэж байдаг ажээ.

15.5.3 汉译蒙。

1. 我看到,下午5点钟父母们在学校门口接孩子。
2. 爷爷知道老家来人了吗?
3. 向取得冠军的队伍表示衷心的祝贺!
4. 中国有句话说:"不到长城非好汉",我要登上长城,做一回好汉!
5. 看到妈妈寄来的信,刚离家不久的杜尔玛哭了。
6. 下午1点飞往乌兰巴托的飞机因为大雨延误了。
7. 4月27日,人们向在地震中的遇难者默哀。
8. 7月11日是蒙古国的国庆节,每年都会举行那达慕盛会。
9. 位于扬子江畔的上海被誉为"东方明珠"。
10. 雨停了,天边挂起了美丽的彩虹。

15.5.4 将下列句子译成汉语,并分别仿造一个主从复合句。

1. Бид Оюуны орж ирэхийг хүлээж ядан суув.
2. Та намайг ерөөсөө тоож үзээгүйд би гомдохгүй.
3. Урлагийн ажил амаргүйг чи яаж мэдэв?
4. Энэ бол Насанбат тасалгаандаа байгаагийн тэмдэг.
5. Цог та хоёрын хийдэг ажил бол сайхан яриа, дэмий чалчаа үг, энэ л байна.
6. Тагтаа нь өглөө хол нисээд орой буцаж ирээд, Энхийн бэлтгэж байсан будааг иддэг байв.
7. Тэр багшийг зочлох гэж угтсан хүн маань ирээгүй тул оронд нь зочильё.
8. Хоёр хар нохой хуцаж ирэхэд, гэрээс настай авгай гарч нохойгоо хорьж биднийг гэртээ оруулав.
9. Дулмааг ирээгүй байтал зочид ирвэл яах билээ?
10. Ёндонг буцаж ирэхэд дарга нь баяр хөөр болж угтав.

生词表

ШИНЭ ҮГС

生词	释义	课
A		
аажим	(副)渐渐地,慢慢地,缓缓地	3
аажмаар	(副)慢慢地,逐渐地	13
ааш зан	(词组)性格,性情	3
авахуулах	(动)让……拿,让……拍	7
аварга	(名)冠军	8
аваргын тэмцээн	(词组)锦标赛	8
авиа (н)	(名)语音	14
авчрах	(动)拿来,带来	7
авчруулах	(动)使带来	7
аж ахуй	(名)经济	15
аж байдал	生活状况,日常生活	4
аж үйлдвэр	(名)工业	15
ажиглах	(动)观察	8
ажил төрөл	(词组)各种工作,工作等等	9
ажилтан	(名)职员,工作者,工作人员	6
аз	(名)福气,幸运	10
айл	(名)家,户,邻里	5
айлгах	(动)使害怕,恐吓	7
айлтгах	(动)禀告	1
айх	(动)害怕	4

албан ёс	(词组)官方	14
алга(н)	(名)手掌	4
алга таших	(词组)鼓掌	4
алд	(名)(长度单位)庹	3
алдар	(名)尊姓,大名,名声,名誉	11
аль хэдийн	(词组)早已,老早	10
ам. доллар	(名)美元	15
амаа ангайх	(词组)张嘴	3
аман зохиол	(名)口头文学	12
амгалан	(名)安宁,平和	1
Америк	(名)美国	9
амжих	(动)来得及,赶得上	5
амрыг айлтгах	(词组)请安,问候	11
амттан	(名)甜食,糖果	1
амьсгал	(名)呼吸	15
амьтан	(名)动物	9
анагаах ухаан	(词组)医学	9
ангайх	(动)打开	7
анх	(名)第一,首次,初级	3
анхаарах	(名)注意,小心	8
арай	(副)勉强,稍微,几乎	4
ард түмэн	(词组)人民	4
арилах	(动)清除,消除	3
ариун	(形)神圣的,纯洁的	3
Ариунаа	(人名)阿伦娜	4
архи(н)	(名)酒	7
арчих	(动)擦	7

арчуулах	(动)使擦	7
аспирант	(名)硕士研究生	9
асуулт	(名)问题	12
асуух	(动)问	12
аттестат	(名)毕业文凭,证书	9
ахмад	(形)年长的,资格老的	8
ачаа(н)	(名)行李	6
ашгүй	(形·副)挺好的,相当好的,那就好	11
ашиглах	(动)利用	5
аюул	(名)危险	1
Аюуш	(人名)阿尤喜	4
аялал	(名)旅行	11
аянга	(名)雷	5

Б

бага сага	(词组)少量的,少许的	10
багадах	(动)变得太小,显得太小	10
багасгах	(动)使……变小,使……变少	8
байгаль	(名)大自然	4
байгуулагдах	(动)成立,建立	8
байгуулах	(动)组织,建立,创立	8
байдал	(名)情况,状况	13
байз	(动)等一下,且慢	8
байнга	(副)经常,常常	7
байр суурь	(词组)地位	15
байхаа	(动)大概,可能	6
бакалавр	(名)学士	9

бараа(н)	(名)物品,货物	1
барахгүй	(连)不完,不尽,不结束,不仅	13
баригдах	(动)建设,兴建	2
баригдах	(动)被逮捕,被捉拿	8
барилга	(名)建筑,楼房	1
барилгач	(名)建筑工人	13
барилдаан	(名)摔跤,角力	15
барих	(动)赠送,呈献	3
баруун гар тийшээ эргэх	(词组)向右拐	1
бас	(副)也,还,并且	7
батарей (зай)	(名)电池	1
бахдах	(动)以……为自豪,夸赞	10
баялаг	(形)丰富的,充裕的	2
Баяр	(人名)巴雅尔	2
баяр	(名)喜悦,高兴,节日	10
баяр хүргэх	(词组)祝贺,恭喜	10
баярлах	(动)高兴,喜悦	2
баярлуулах	(动)使高兴	10
баясах	(动)喜悦,高兴	13
баячууд	(名)富人们	12
биз	(小)也许,大概	2
бизнес	(名)生意,商业	15
битүү	(形)封闭的,密封的,不通的	3
бичиг	(名)文献,书	2
бичиг хэрэгсэл	(词组)文具	1
бичүүлэх	(动)使写	7
богино	(形)短的	5

бодитой	(形)实际的,具体的	10
бодох	(动)思考,想	6
болзоо(н)	(动)约定,约会	14
боловсрол	(名)教育	6
боловсрох	(动)成熟	5
боловсруулах	(动)使成熟,使熟练	14
бололтой	(副)大概,似乎,好像,也许	10
боломж	(名)可能,可能性	15
Болортуяа	(人名)包洛尔图雅	1
боомт	(名)港口	15
босгох	(动)使起,使站立	7
ботго	(名)骆驼羔	10
бохирдох	(动)变脏,遭受污染	11
бөглөх	(动)填满,堵住	3
бөгөөд	(连)和,跟,还	7
бөмбөг	(名)球	8
бөх	(名)摔跤手,驼峰	15
бөх барилдах	(词组)摔跤	15
брэнд	(名)商标,品牌	8
будаа(н)	(名)大米	11
будах	(动)染色,上色,涂颜料	8
будда	(名)佛	12
булаах	(动)抢夺	8
Булган	(名)布拉干	15
бус	(副)不,不是	9
буурах	(动)下降	3
буух	(动)安居,定居	5

буцаах	(动)返回,归还	4
буцалгах	(动)煮沸,烧开	11
буцлах	(动)沸腾,煮沸,烧开	5
бушуухан	(副)赶快,加速	1
бүрэлдэхүүн	(名)成分,组成,产品	15
бүрэн	(形)全的,完整的	6
бүтэх	(动)实现,完成	13
бүтээл	(名)作品	4
бүхий	(形)有……的,全部的,所有的	15
бүхэл	(形)整个的,完整的	11
бэлгэ	(名)征兆	13
бэлгэдэл	(名)象征	3
бэлгэдэх	(动)预兆	12
бэлдэх	(动)准备	14
бэлчээр	(名)牧场	10
бэлэгшээх	(动)视为吉兆	12
бэртэх	(动)受伤	14
бэрх	(形)困难的,艰巨的	13
Бээжин	(名)北京	6

Г

гадуур	(副·形)在外面,外面的	12
газар хагалах	犁地	3
газарчин	(名)向导,导游	15
гайхах	(动)吃惊,惊讶	12
гал	(名)火	13
гал зуухны өрөө	(词组)厨房	5
ган	(名)钢	12

Монгол	Утга	Хичээл
Ганбаатар	(人名)冈巴特尔	9
ганцаараа	(副)单独地,独自地	1
гар барилцах	(词组)握手	8
гар урлал	(词组)手工艺	15
гар утас	(名)手机	6
гаргах	(动)使……出来	3
гардах	(动)手持,掌握	3
гаруй	(副)……有余,多于……	6
гашуудал	(名)苦难	13
гашуун	(形)苦的	7
Герман	(名)德国	2
гишүүн	(名)成员	9
голдуу	(副)主要	9
голомт	(名)炉灶	13
горхи	(名)小溪	8
градус	(名)度	3
гурил	(名)面,面粉	11
гүйлдэх	(动)一同跑,对着跑	8
гүйх	(动)跑	3
гүйцэтгэх	(动)完成,履行	15
гүн	(形)深的,深度的	3
гүнзгий	(形)深的,深奥的	9
гэмтэл	(名)外伤,创伤	7
гэнэт	(副)突然	4
гэрлэх	(动)成家,结婚	6
гэрчилгээ(н)	(名)证明,证书	9
гэх мэтчилэн	(词组)诸如此类	2

| гэхдээ | (副)但是,然而 | 6 |
| гээх | (动)丢弃,抛弃 | 8 |

Д

даан	(副)过于,太,甚	10
давах	(动)越过	13
давс(н)	(名)盐	11
давхар	(名)层	6
дагуу	(副)沿着,顺着	9
дайлах	(动)宴请,款待	6
дайралдах	(动)遇到,碰见	6
дайрах	(动)路过,顺路,攻击,进攻,侵犯	15
далай	(名)海,大海	9
Дамба	(人名)丹巴	5
дамжих	(动)通过,经过	3
дандаа	(副)经常,常常	9
дарах	(动)压	8
даруй	(副)立即,立刻	14
дасах	(动)习惯	13
дахиад	(副)重新,再,又	5
дахин	(名)次	4
диплом	(名)(大学的)毕业证书,学位证书	9
докторант	(名)博士研究生	9
домог	(名)神话,传说	12
доод	(形)下面的	1
дордох	(动)恶化,变差,不足	12
дорно	(名)东,东方	15
Дорноговь	(名)东戈壁	10

дотогш	(方)向内	1
дохио(н)	(名)信号	4
дөрвөлжин	(形)方形的	14
дугаар	(名)号码,次序,期,第……	6
дугуй	(名)圆圈,轮子,自行车	4
дулаан	(形)温暖的	3
дулаарах	(动)变得温暖	3
Дулмаа	(人名)杜勒玛	2
дунд	(形)中间的,中级的	3
дунд сургууль	(词组)中学	6
дундаж	(形)平均的,平均数	5
Дундговь	(名)中戈壁	10
дурсгал	(名)纪念,纪念品	8
дурсгал болгох	(词组)留作纪念	8
дурсгалт	(形)纪念性的	6
дуртайяа	(副)情愿,乐意	15
дусаагуур	(名)滴注器	7
дуугарах	(动)响,发出声音	3
дуулах	(动)唱歌,听说	11
дуусгах	(动)使结束	7
дүрс	(名)形象,造型	14
дүүрэг	(名)区	15
дэвшүүлэх	(动)提升,提出	3
дэглэм	(名)规矩,规章,制度	11
Дэлгэр	(人名)德力格尔	11
дэлхий	(名)世界,地球	3
дэмий	(形)随意的,妄为的,胡乱的,枉然的,白费的	10

дээд	(形)高等的,高级的	13
дээд сургууль	(词组)学院	9
дээдлэх	(动)看重,器重,尊重	13
дээж	(名)精华,最好的部分	3
дээрэмчин	(名)强盗,劫匪	12
дээс(н)	(名)绳子	14

Е

ер нь	(副)总的来说	10
ердийн	(形)一般的,普通的	13
ердөө	(副)一般,总之,根本	11
ерөөл	(名)祝福,祝辞	2
ертөнц	(名)宇宙,世界	12

Ё

ёс журам	惯例,规章,规矩	15
ёслол	(名)仪式,礼仪	13
ёсоор болгох	(词组)照办,如愿	1
ёстой	(副)很,应该	4

Ж

жаахан	(副)稍微,短暂地	6
жигүүр	(名)翅膀	2
жин	(名)斤	7
жич	(连)除此之外,也	11
жишээ(н)	(名)例子,榜样	2
жишээлэх	(动)举例	2
жор	(名)处方	3
журам	(名)原则,规章	14
жүжиг	(名)戏剧	10

3

заавал	(副)一定,必须,务必	5
заалгах	(动)使教,使指给……看	7
заах	(动)指给……看	4
завдах	(动)准备,打算,计划	13
завсарлах	(动)休息	3
загнах	(动)责备	5
залгах	(动)拨打	4
залгих	(动)吞,咽	7
зан заншил	(词组)风俗习惯,风土人情	9
зангидах	(动)打结,系上	14
зарах	(动)卖,销售	4
зарим	(代)某些,有些,一部分	14
зарлал	(名)广告,告示,海报,宣传页	4
зарцуулах	(动)花费,消费	6
засварлах	(动)修缮,维修	6
засуулах	(动)使治疗,使修正	7
захиалах	(动)订阅	6
захиалга	(名)订做,订购	8
заяа(н)	(名)命运,运气	2
зовох	(动)担忧,受折磨	7
зоригт	(形)勇敢的	10
зориулах	(动)献给……,为了……,供……之用,专注于……	9
зохиол	(名)作品,创作	9
зохиох	(动)创作	14
зохицуулах	(动)调整,调和	11
зочид буудал	(名)宾馆	4

зочин	(名)客人,宾客	3
зочлох	(动)做客	14
зөвлөлгөө	(名)建议	4
зөвлөх	(动)商议,建议,参赞,顾问	1
зөвшөөрөл	(名)允许,批准	11
зугаацах	(动)消遣,娱乐	10
зурагт	(名)彩色电视,(形)带图像的	10
зурагчин	(名)摄影师	7
зурвас	(名)线条	1
зургийн аппарат	(词组)照相机	14
зуслан	(名)夏营地	5
зуун	(名)世纪	1
зуурах	(动)搅和,揉和	11
зуух(н)	(名)炉,灶	7
зүгээр	(形)还好的,挺不错的	6
зүйл	(名)种类,类别	9
зүйр үг	(词组)谚语	12
зүрх(н)	(名)心脏	8
зүүн гар тийшээ эргэх	(词组)向左拐	1
зэс	(名)红铜	12
зээлэх	(动)借,贷	11

И

ид шид	(词组)戏法,魔法	2
илгээмж	(名)邮寄物品	7
илтгэгч	(名)报告者,演说者	13
илэрхийлэл	(名)表示	13
илэрхийлэх	(动)表示,表达	3

импорт	(名)输入,进口	15
инээдэмтэй	(形)可笑的,滑稽的	13
инээмсэглэх	(动)微笑	4
инээх	(动)笑	9
ирээдүй	(名)未来	10
итгэх	(动)相信	2
их дэлгүүр	(词组)大百货商店	6
Их Хурал	(词组)大呼拉尔(蒙古国议会)	9
ихэвчлэн	(副)大部分,大体,基本上	2
ихэд	(副)很,非常	11

К

карт	(名)卡,卡片	7
квадрат метр	(词组)平方米	6
Кидан	(名)契丹	14
кило	(名)公斤,千克	14
кирилл үсэг	(词组)西里尔文	7
коллеж	(名)中等学校,学院	9
концерт	(名)音乐会	8

Л

лаборатори	(名)实验室	7
латин	(名)拉丁	14
лектор	(名)演讲人,讲师	12
лекц	(名)演讲,演说	1
Лодойдамба	(人名)洛道依丹巴	4
Лондон	(名)伦敦	2
Лувсан	(人名)鲁布桑	11

M

магадгүй	(副)也许,可能,大概,说不定	11
магистр	(名)硕士	9
магтаал	(名)赞词	2
магтах	(动)称赞,表扬	10
майл	(名)邮件	6
малгай	(名)帽子	7
мартах	(动)忘记	5
машиндах	(动)使用机器,开动机器	8
маяг	(名)形式,样式	2
мессеж	(名)信息	6
метр	(名)米(长度单位)	15
мм	(名)(миллиметр的缩写)毫米	15
моод	(名)时装样式	8
морилох	(动,敬)行走,请,请来	2
морь уралдах	(词组)赛马	15
Мөнх	(人名)孟和	4
Мөрөн	(地名)穆仁	15
мөрөн	(名)江,大河	15
мөрөөдөл	(名)理想	10
мөхөөлдөс	(名)冰淇淋	10
мөчир	(名)树枝	12
музей	(名)博物馆	4
муу	(形)坏的,差的	7
муухай	(形)坏的,不舒服的,难受的,丑恶的,污秽的	3
мэдрэл	(名)神经,感觉	7
мэдэрхүй	(名)感觉,触觉	12

мэдэх	(动)知道,了解	6
мэнгэ	(名)痣,胎记	12
мэргэжил	(名)专业,技术	7
мэс засал	(词组)手术	7
мэхийн ёслох	(词组)鞠躬	1

H

наадам	(名)那达慕,游艺	11
наашлах	(动)临近,康复,好转	12
найр	(名)宴会,筵席	12
найрамдалт	(形)友好的	15
Намхайжамц	(人名)纳木海扎木茨	14
нандин	(形)珍贵的,珍惜的	2
Нараа	(人名)娜拉	4
нарийн	(形)细,细小的,窄的,精细的,精致的,吝啬的	7
настай	(形)上了年纪的,有……岁数的	8
нахиа	(名)芽	12
нийгэм	(名)社会	15
нийслэл	(名)首都	6
нийтийн тээвэр	(词组)公共交通	5
нийтлэгдэх	(动)发表	2
нисэх онгоц	(名)飞机	6
ногоо	(名)青草,青菜	5
ногоорох	(动)变绿	3
ноднин	(名)去年	11
нозоорох	(动)慵懒,无精打采	12
нойр(н)	(名)睡眠	7
нойтон	(形)湿的,潮湿的	5

нолийн цаас	(词组)卫生纸	14
номин	(名)绿松石	12
нөгөө	(代)另一个,别的,其他的,那个	7
нөхөр	(名)丈夫,同志	5
нөхцөл	(名)因素,条件	13
нугалах	(动)弯曲	3
нунтаг	(名)粉末	7
нуух	(动)隐藏,藏匿	12
нүдний шил	(词组)眼镜	7
нүүдлийн шувуу	(词组)候鸟	5
нүүр(н)	(名)脸	9
нүүх	(动)迁移,搬家	3
нүх(н)	(名)洞	12
нэвтрүүлэг	(名)广播	10
нэвтрэх	(动)渗透,深入,遍布	3
нэгдэх	(数)第一的	10
нэгж	(名)单位,个体	15
нэрлэх	(动)命名,称谓	6
нэрэмжит	(形)以……命名的,以……名义的	9
нэхмэл	(名)纺织品	15
нээгдэх	(动)被打开	8
нээрээ	(副)确实,实在	1

O

огт	(副)完全,根本,绝对	10
ой	(名)林,树林	13
ой шугуй	(词组)森林	8
ойлгогдох	(动)被理解	8

ойлгох	（动）理解	5
ойн аж ахуй	（词组）林业	15
ойр зуур	（词组）附近，近日，近期	14
ойрдоо	（副）最近，近日	4
ойролцоо	（形）附近的	9
Олимпийн наадам	（词组）奥林匹克运动会	6
олон улс	（名）国际	12
онгойх	（动）敞开，张开	11
онигоо	（名）笑话	12
онц	（形）特别的，特殊的，优秀的	11
онцлог	（名）特点	3
орлого	（名）收入，进项	15
оройжин	（副）整晚	13
оройтох	（动）迟，晚，耽误，来不及	5
оролцох	（动）参加	8
орон	（名）国家，地区	5
оруулах	（动）使进入	7
орхих	（动）留下，遗弃（助动词，表示"彻底做完"）	9
орчим	（副）接近	3
орчин	（名）周遭，环境	13
орчин үе	（词组）现代	2
оршуулах	（动）殡葬，埋葬	12
очуулах	（动）使去	7
оюу(н)	（名）绿松石	12
Оюун	（人名）奥云	4

Ө

өвгөн	（名）老头，老者	12

өвдөх	(动)患病,疼痛	3
өвөг дээдэс	(词组)祖先,先辈	14
өвөлжөө(н)	(名)冬营地	5
өвөрмөц	(形)独特的	12
өвөртлөх	(动)揣进怀里	3
өвчтөн	(名)病人	7
өгөөмөр	(形)丰富的,富裕的	13
өдөржин	(副)整天,全天	3
өлгүүлэх	(动)使悬挂	7
өлгүүр	(名)挂钩,衣服架	8
Өмнөговь	(名)南戈壁	10
өмөн	(名)毒瘤,癌	13
өмсгөл	(名)穿着,装束	15
өнгөрөх	(动)经过,通过	6
өнгөрүүлэх	(动)度过	2
өнө мөнх	(词组)长久地,永远	2
өнчин	(名)孤儿,(形)孤苦伶仃的	10
өөрчлөгдөх	(动)被改造,被改变	8
өсөх	(动)增殖,繁殖	13

П

паспорт	(名)护照	8
пиво	(名)啤酒	2
Пүрэв	(人名)普列布	6
Пүрэвжав	(人名)普列布扎布	10
пүүс	(名)商店	5

Р

радио	(名)广播	10

| роман | (名)长篇小说 | 4 |

C

саад	(名)障碍	2
саатах	(动)耽搁,阻碍	7
саатуулах	(动)使耽搁	7
сагсан бөмбөг	(名)篮球	10
сайжрах	(动)改善,变好	10
сайжруулах	(动)使提高,使好转	14
салбар	(名)分支,部门	9
салгах	(动)使分开,使分离	14
салхи(н)	(名)风	3
самбаа(н)	(名)机智,能力	15
самнах	(动)梳	8
санаа(н)	(名)思想,想法,心思	6
санаа зовох	(词组)担心	13
санагдах	(动)被想起,被感受到,被感觉到	4
сандрах	(动)慌张,急切	14
санхүү	(名)财务,财政,金融	15
Сараа	(人名)萨拉	4
сахал	(名)胡须	7
сая	(数)百万	2
семестр	(名)学期	8
сийлэх	(动)雕刻,刻	14
см.	(名)сантиметр的缩写,厘米	3
соёл	(名)文化	6
солилцох	(动)交流,交换	9
сонгино	(名)洋葱	11

сондгой тоо	(词组)奇数,单数	12
сонирхол	(名)兴趣	15
сонирхох	(动)感兴趣,欣赏	6
сонсогдох	(动)被听到,听说	8
сорих	(动)试验,测试	15
сөхөх	(动)打开,揭开	7
спорт	(名)体育运动	4
студи	(名)工作室	8
суваг	(名)频道,沟,渠,运河	10
сувд(н)	(名)珍珠	12
Сувдаа	(人名)苏布达	1
сувилагч	(名)护士	9
судлах	(动)研究	1
сум харвах	(词组)射箭	15
сунгуулах	(动)(时间,期限之)延长	2
сурах бичиг	(词组)教科书	9
сургалт	(名)教育,教学	9
Сүрэн	(人名)苏伦	6
сүлжмэл	(名)编织物	15
сүм	(名)寺庙	3
сүндэрлэх	(动)耸立	6
сүртэй	(形)激烈的,崇高的,厉害的	5
сүрхий	(形)非常的,厉害的,惊人的,严重的	15
сүрэг	(名)畜群	8
сүүл	(名)末尾,结尾	5
сүүлд	(副)最后,末了	6
Сүхээ	(人名)苏海	13

сэдэв	(名)内容,主题	4
сэрүүн	(形)凉爽的,清醒的	12
сэрэмжлэх	(动)当心,警醒,提防	1
сэрэх	(动)醒来	5
сэрээх	(动)使警觉	7
сэтгэл	(名)心,思想,感情	3
сэтгэлчлэх	(动)随心愿	2
сэхэх	(动)上升,好转	12

T

тааруу	(形)不太好的	5
тавдахь	(数)第五的,星期五	10
тавиур	(名)架,台子	10
тавтай	(形)惬意的,舒适的	6
таг	(副)杳无音讯,完全地,全然地	6
тайз(н)	(名)舞台	4
тайлах	(动)解开,脱	8
тайлбарлагч	(名)解说员	4
тайрах	(动)割断,剪去	7
тайруулах	(动)使截去,使割断	7
талбай	(名)广场,场地,面积	6
там	(名)地狱,苦海	12
тана(н)	(名)东珠,珍珠母	12
танайд	(代)在你们那里	6
танайх	(代)你们家,您的	14
танилцах	(动)认识,相互认识	4
таниулах	(动)使认识,使了解	7
таних	(动)认识,认出	10

тансаг	(形)美丽的,美妙的,令人赞叹的	12
тараах	(动)结束,散布	13
тараг	(名)酸奶	9
тарах	(动)散开,下课	3
тарвас	(名)西瓜	13
тарган	(形)胖的,肥的	9
тариа хийлгэх	(词组)打针	7
тарих	(形)播种,种植,注射,接种	3
тасаг	(名)隔间,部分	1
тасалбар	(名)发票,票据	7
Тататунгаа	(人名)塔塔统阿	14
татах	(动)拉,抽,吸引	15
тахил	(名)供物,祭品	12
тачигнах	(动)(发出破裂、爆破等声响)雷鸣,轰隆响	9
таших	(动)鼓(掌)	4
театр	(名)剧院	4
телевиз	(名)电视	10
техник	(名)技术(设备)	15
технологи	(名)技术(规程),工艺	9
тив	(名)洲,大地	2
товчоо(н)	(名)局,站,简述,概要,纲要,简史	15
товчхон	(副)简要地,简略地	9
тоглолт	(名)游戏,比赛,演出	8
тоглоом	(名)玩具,玩笑,傀儡	12
тогтоол	(名)决议,规定,成规	14
тод үсэг	(词组)托特文字	14
тодорхой	(形)清楚的,具体的	7

Токио	(名)东京	2
толгой	(名)头	3
томдох	(动)显得过于大,变得过于大	10
томоохон	(形)较大的	15
тоо(н)	(名)数,数字	12
тосгох	(动)使迎接	10
тослох	(动)涂油,上油	7
тослуулах	(动)使涂油	7
тосох	(动)接过,接见	3
тохиролцох	(动)谈妥,商定	15
тохиромжтой	(形)合适的	6
төв	(名)中心,中央	6
Төвд	(名)西藏	3
төвлөрөх	(动)向心,集中	15
төгөлдөр хуур	(名)钢琴	5
төгрөг	(名)图格里克	8
төгсгөх	(动)毕业,了结,完成	9
төдийгүй	(连)不只那么些,不仅……而且……	9
төллүүлэх	(动)使产羔,使增殖	5
төлөх	(动)付费,缴付	6
төмөр зам	(名)铁路	9
төмөрлөг	(名·形)金属,铁质,金属的,类似铁的	15
төрөл	(名)科,类,领域	7
төрөлжих	(动)分门别类	1
төрүүлэх	(动)使出生,接生	3
төсөв	(名)预算	15
төсөл	(名)草案,方案	15

тулгарах	(动)支撑,顶住,突然遇见,面临,邂逅	10
тулгах	(动)使抵触,逼迫,强迫	12
тулгуурлах	(动)依靠,依据,凭着	14
тун	(副)很,十分	14
тунадас	(名)降水量	15
тунгалаг	(形)清澈的	4
Тунгалаг Тамир	(书名)《清澈的塔米尔河》	4
туршилт	(名)实验	14
тус	(代)这个,自己的	2
тус тус	(词组)各个,各自	2
тусгай	(形)特殊的,特别的	9
туслах	(动)帮助	10
тустай	(形)有帮助的	7
тутам	(后)每,每个	8
тухай	(后)关于,有关	6
тухайлбал	(副)例如,具体来说	10
тухтай	(形)安逸的,舒服的	11
түгжрэх	(动)关上,封住,塞住	13
түлхүүр	(名)钥匙,关键	6
түргэн	(形)快的,迅速的,匆忙的	7
түрхэх	(动)涂,抹,镀	8
түшигтэй	(形)有支柱的,有根据的,可靠的,可信赖的	15
тэврэлдэх	(动)互相拥抱,互相搂抱	8
тэврэх	(动)抱,拥抱	8
тэгш тоо	(词组)偶数,双数	12
тэгэлгүй яахав	(词组)当然,可不是	15
тэгэхлээр	(连)因此,所以	12

тэмдэг	(名)特征,标志	13
тэмдэглэл	(名)记录,笔记	10
тэмдэглэх	(动)做标记,庆祝,注意到,表明	10
тэмцээн	(名)比赛,竞赛	8
тэнгис	(名)海洋	4
тэнхим	(名)教研室	9
тэрбум	(数)十亿	15
тэшүүр	(名)冰鞋,冰刀	4

y

угаасаа	(副)本来,原先	9
угаах	(动)洗	6
угтах	(动)欢迎,迎接	3
удаан	(形)长久的,长期的	14
удах	(动)停留	4
уйгар	(名)畏兀儿	14
уйгаржин	(形)回鹘式的,畏兀儿体的	14
улам	(副)越来越……,更加,愈发	10
улс төр	(名)政治	6
унах	(动)落下,跌落	13
ундаа(н)	(名)饮料,饮品	11
унтах	(动)睡觉	6
унтраах	(动)使熄灭	3
урам	(名)情绪,热情,志趣	12
уран	(形)(技艺)精巧的	2
ургамал	(名)植物	10
ургах	(动)生长	2
ургац	(名)收获,产量	5

Монгол	Төрөл	Орчуулга	Хуудас
уригдах	(动)	被邀请	8
урих	(动)	请,邀请	4
урт	(形)	长的	5
урьд	(副)	从前,以前	7
урьдаар	(副)	首先	6
урьдчилах	(动)	预先,事先	12
урьдчилгаа(н)	(名)	预支,预付	8
усан онгоц	(名)	船舶,轮船	15
усанд сэлэх	(词组)	游泳	2
утасдах	(动)	打电话	6
утга зохиол	(名)	文学	1
ууган	(形)	年纪最大的,最先的	9
уулгах	(动)	使喝	7
уулзвар	(名)	交叉点	1
уур	(名)	气,蒸气	15
ухаалаг	(形)	聪明的,智慧的	8
учир	(名)	情况,原因	13
учрах	(动)	遇到	8

Y

Монгол	Төрөл	Орчуулга	Хуудас
үд	(名)	中午,晌午	8
үдэшлэг	(名)	晚会	4
үзэсгэлэн	(名)	展览,景观	4
үйлдвэр	(名)	工厂	15
үйлдвэрлэгдэх	(动)	被制造,被生产	8
үйлдвэрлэх	(动)	生产	8
үйлчилгээ(н)	(名)	服务	5
үйлчлүүлэх	(动)	使服务	7

үлгэр	(名)故事,说唱	12
үлдэх	(动)留下	6
үлдээх	(动)留下,落下	6
үндэс(н)	(名)根,基础	12
үндэслэх	(动)以……为基础,奠基,打基础	14
үнэмлэх	(名)证件,证明	1
үнэртэй ус	(词组)香水	8
үнэтэй	(形)有……价的,有价值的,贵的	8
үр тариа	(词组)谷物,庄稼	3
үржих	(动)繁殖,增多,扩大	13
үсчин	(名)理发师,理发店	8
үү	(名)瘊子,肉赘	13
үүрэглэцгээх	(动)昏昏欲睡	12

Ф

Франц	(名)法国	2

X

хаалттай	(形)关着的,闭锁的	13
хаан	(名)汗,大汗	14
хаанаас даа	(代)哪里,哪里	4
хаачих	(动)(口语)去哪里,到哪里去	3
хааш	(副)向何方,朝哪里	2
хаваржаа(н)	(名)春营地	3
хавтгайлах	(动)压扁,打平	11
хагалгаа(н)	(名)开刀,手术	7
хадаг	(名)哈达	3
хайлах	(动)融化	5
хайлгах	(动)使寻找	7

хайр	(名)爱惜,怜惜	13
хайрлах	(动)爱,喜爱,热爱	5
хайх	(动)寻找	7
хайчлах	(动)剪	8
халаах	(动)使加热	7
халамж	(名)关心,关怀	13
халах	(动)加热	7
халз	(副)正前地,正对面地	10
халтирах	(动)滑	2
халууны шил	(词组)温度计	7
халуурах	(动)发热,发烧	3
хамаг	(形)所有的,全部的	13
хамар	(名)鼻子	3
хамгаалах	(动)保护	1
хамгийн	(形)最……的	6
хамтрах	(动)共同,协同	15
хамтын ажиллагаа	(词组)合作	9
хангах	(动)满足,供应	8
ханиалгах	(动)使咳嗽	3
ханиад хүрэх	(词组)感冒	3
ханилах	(动)结交,成为伴侣	3
хар салхи	(名)台风	15
хар хүн	(名)俗人,非宗教的人,平民	13
хар цай	(名)红茶	6
хараа(н)	(名)视力	7
харагдах	(动)被看见,可见	8
харанхуй	(名,形)黑暗	12

харах	(动)看,望,看见,照看	3
хардлага	(名)醋心,嫉妒,怀疑	13
харилцаа(н)	(名)关系	13
харуулах	(动)使看见,体现,展示	4
Хархорин	(名)哈拉和林	2
хатаах	(动)晒干,晾干	7
хатах	(动)变干,枯萎	7
хацар	(名)脸颊	13
хашгирах	(动)喊	13
хашир	(形)老成的,老练的,经验丰富的	15
хийлгэх	(动)使做	7
хийлцэх	(动)共同做	8
хийморьтой	(形)有朝气的,意气风发的	8
хийц	(名)掺加物,添加剂	11
хими цэвэрлэгээ	(词组)干洗	8
хиртэй	(形)污秽的,脏的	8
хичээллэх	(动)上课	13
ховор	(形)稀少的,珍奇的	2
хоёулаа	(数)两个,两人,俩	11
хожгор	(名)秃子	12
хожим	(副)以后,此后	14
хожимдох	(动)迟到,拖后	2
хойно	(名,副,后,连)以后,然后	7
хойш	(副,后,连)以后,往后	6
хойшид	(副)以后,将来	10
холбоо(н)	(名)联系,关系	6
холбоо барих	(词组)建立联系	6

хоноглох	(动)过夜,过一天	15
хонох	(动)过夜,过一天	4
хонх(н)	(名)钟,铃	3
хонхор	(名)深洼,凹地	12
хоолой	(名)喉咙	7
хооронд	(后,副)在……之间	13
хос	(名)一双,一对	12
хоцрох	(动)迟到,落后	2
хошуу(н)	(名)动物的鼻面,嘴脸	12
Хөвсгөл	(名)库苏古尔	15
хөдлөх	(动)动身,移动	15
хөдөө аж ахуй	(词组)农牧业	9
хөлдөх	(动)冻结,结冰	5
хөнгөн	(形)轻的	15
хөргөгч	(名)冰箱	6
хөрөнгө	(名)资产,资金	6
хөрөнгө оруулах	(词组)投资	15
хөрс(н)	(名)土壤	10
хөх	(形)蓝色的	13
Хөх мөрөн	(名)长江	15
хөхөө(н)	(名)杜鹃	8
хөшиглөх	(动)切	11
Хуабэй	(名)华北	6
хуваарь	(名)分配表	7
хувь	(名)份,部分,股份	10
хугацаа(н)	(名)期限,时期	2
худалдаа(н)	(名)贸易,商业	9

хулгайч	(名)小偷	12
хунар	(名)衣服	2
хур	(名)雨,雨露	15
хураах	(动)收,收集,收拾	5
хурд(н)	(名)速度	15
хурдан	(形)快的,快速的	8
хурим	(名)婚礼	10
хусах	(动)刮,铲	7
хусуулах	(动)使刮	7
хуудас(н)	(名)页,张,幅,字条	3
хууль	(名)法律,规律	12
хуурай	(形)干燥的	7
хуурах	(动)欺骗	10
хүлэг	(名)好马,良驹	15
хүмүүнлэг	(形)人文的,人性的	9
хүмүүс	(名)人们	9
хүнд	(形)重的,严重的	7
хүндлэх	(动)尊敬,看重	3
хүндэт	(形)尊敬的	1
хүндэтгэл	(名)尊重,尊敬	3
хүндэтгэлтэй	(形)令人尊敬的	12
хүндэтгэх	(动)尊敬,敬重	3
хүнс(н)	(名)食品,食物	5
хүнсний ногоо	(词组)蔬菜	3
хүсэлт	(名)要求,请求,希望	1
хүүхэн	(名)女孩,姑娘	10
хүч(н)	(名)力,力量	13

хэвлэл	(名)出版,印刷,出版物	9
хэвтүүлэх	(动)使躺下	7
хэвтэх	(动)躺,卧	2
хэдийд	(副)什么时候,几点	8
хэл (н)	(名)舌头,语言	3
хэлбэр	(名)形式	15
хэлэлцэх	(动)交谈,会谈	8
хэм	(名)度	5
хэмжээ(н)	(名)度,量,大小	3
хэр	(副)如何,到何程度	6
хэр зэрэг	什么程度	9
хэрчих	(动)切,切碎	11
хэрэв	(连)假如,如果	10
хэрэгжих	(动)实现,实施	15
хэрэглэх	(动)使用,应用	7
хэрэглээ(н)	(动)用,使用,消费	15
хэрэгцээ(н)	(名)需求,用处	8
хэсэг	(名)部分	2
хэцүү	(形)困难的	2
хярам	(名)淡乳,掺了水的奶	11

Ц

цагаан хоол	(名)素食	13
цагчин	(名)钟表匠	8
цайлган	(形)善良的,慈善的	13
цамхаг	(名)塔,塔楼	15
цахилгаан	(名)电,闪电	1
цахилгаан шат	(词组)电梯	1

цахим	(名)电子	15
цацал	(名)(祭天用的)九孔勺	12
Цолмон	(人名)朝勒蒙	3
цөл	(名)荒漠	10
цөцгийн тос	(词组)黄油	14
цув(н)	(名)雨衣	14
цуйван	(名)炒饼	11
цус(н)	(名)血,血液	7
цутгалах	(动)汇入主流,倾倒	15
цэвэрлүүлэх	(动)使清洁	7
цэвэрлэлцэх	(动)共同清扫,共同打扫	8
цэвэрлэх	(动)清洁,打扫	7
цэг	(名)点	14
цэлмэх	(动)放晴,变晴朗	3
цэнхэр	(形)天蓝色的	3
цэрэг	(名)军队,军人,军事	11
Цэрэнсодном	(人名)策仁索德诺木	1
цэцэглэх	(动)兴盛,繁荣	15
цэцэн үг	(词组)格言,箴言	12
цэцэрлэгт хүрээлэн	(词组)公园	6
цээжлэх	(动)背诵	5

Ч

чагнах	(动)听	7
чадал	(名)能力	13
чанах	(动)煮,熬,炖	5
чармайх	(动)努力	10
чигээрээ	(副)直接地,沿直线	1

чимээ(н)	(名)消息,音信,声音	6
Чингис	(名)成吉思	14
чих(н)	(名)耳朵	7
Чойбалсан	(人名)乔巴山	9
чөлөөт цаг	(词组)闲暇	2
чулуу(н)	(名)石头	14

Ш

шаардлага	(名)需要	7
шавь	(名)弟子,徒弟,学生	13
шалгах	(动)检验,化验	3
шалгуулах	(动)使检查	7
Шанхай	(名)上海	15
шар	(形)黄色的	13
шарлах	(动)发黄,变黄	5
шахах	(动)临近,迫近,挤压,逼迫	14
шашин	(名)宗教	12
шийдвэр	(名)决定,决议	14
шийдэх	(动)决定	4
шинжилгээ(н)	(名)检查	7
шинжлэх ухаан	(名)科学	6
шоколад	(名)巧克力	14
шорвог	(形)咸的	13
шургуу	(形)倔强的,顽强的	13
шууд	(副)直接	6
шуурхай	(形)有效率的,快捷的	6
шүд(н)	(名)牙齿	6
шүлэг	(名)诗歌,诗篇	15

ⵁ(н)	(名)珊瑚	12
шүтэх	(动)信仰,相信	13
шээс(н)	(名)尿液	7

э

эвдрэх	(动)损坏,出故障	8
эвдэх	(动)弄坏,破坏	8
эвхэх	(动)折叠	3
эдгэрэх	(动)痊愈	7
эдийн засаг	(名)经济	6
эдийн засгийн тусгай бүс	(词组)经济特区	15
эзлэх	(动)占,占据	15
эзэн	(名)主人	3
экспорт	(名)输出,出口	15
эл	(代)这,这个	13
элдэх	(动)揉	11
элсэрхэг	(形)多沙的	10
элчин сайд	(名)大使	6
эмийн санч	(名)药剂师	3
эмнэлэг	(名)医院	1
эмч	(名)医生	3
эмэгтэй	(名)女,女性	15
эмэгтэйчүүд	(名)女人们,女性们	7
Энэтхэг	(名)印度	3
эр	(名)男,男性	15
эргэх	(动)旋转,转向	1
эргэх	(动)看望,探视	8
эрдэм шинжилгээ	(词组)科学,学术	9

эрдэмтэн	(名)学者	9
эрдэнэ	(名)宝贝,宝物	12
Эрдэнэцэцэг	(人名)额尔德尼琪琪格	6
эрин	(名)纪元,时代	14
эрмэлзлэл	(名)愿望,盼望,意图,志向	15
эрт(н)	(名·形)早,古时,早的,古时的,古代的	1
эрүүл	(形)健康的	4
эрүүл мэнд	(词组)健康	7
эрх	(名)权力,权利	9
эрхлэгч	(名)负责人,主任,主管	4
эрхэм	(形)珍贵的	1
эрхэмлэх	(动)尊敬,推崇,喜爱	3
эрчимтэй	(形)有力的,大力的	14
эрэг(н)	(名)岸	10
эсвэл	(连)或者,不然就	6
эхнэр	(名)妻子,夫人	7
ээмэг	(名)耳环	8

Ю

юань	(名)元	12
юмсанж	(语)本是,原来是	12

Я

яам(н)	(名)部	6
яамай	(感)很好,不错	15
ях	(动)怎么办,如何	12
явагдах	(动)进行,实行	14
явуулах	(动)使……走;发送,寄,实施,开展,做	9
ялалт	(名)胜利	4

...гах	(动)区分	11
янз бүр	(词组)各种各样	2
ярилцах	(动)交谈	8
яруу	(形)(旋律)优美的,抒情的	2